Koni Gruber · Aus Hoiz und aus Stoa

Buchreihe des Bayerischen Wald-Vereins
Band II
Herausgegeben vom Kultur- und Presseausschuß des Bayerischen Wald-Vereins e.V.

KONI GRUBER

Aus Hoiz und aus Stoa

Bauen in der Landschaft des Bayerischen Waldes

Mit Beiträgen von
Hannes Burger

MORSAK VERLAG · GRAFENAU

Bildnachweis:

Franz Bauernfeind, Seite 43
Egon Binder, Seite 21, 23, 26, 29, 34/35, 49
Josef Grübl, Seite 14/15, 47
Anton Knogl, Seite 99
Georg Leitl, Seite 109 (unten)
Fotostudio Neuhofer, Seite 120
Karl-Heinz Paulus, Seite 27, 67
Michael Schmitz, Seite 42

Bruno Sponsel, Seite 31
Titelbild: Fritz E. Friesl
Umschlag-Rückseite: Hans Direske
Vorsatz vorne und hinten, sowie drei
weitere Landschaftszeichnungen:
Karl Alexander Flügel.
Alle übrigen Fotos Pläne und
Zeichnungen: Koni Gruber

1. Auflage 1983

© by Verlag Morsak oHG, Grafenau
Textredaktion: Hannes Burger
Alle Rechte vorbehalten. Printed in Germany
Gesamtherstellung:
Morsak Druckerei und Verlag oHG, 8352 Grafenau

ISBN 3-87553-207-4

Inhaltsverzeichnis

Gottfried Schmid	Ein Werk aus der Praxis – für die Praxis	7
Koni Gruber	Was ich mit diesem Buch eigentlich will	9
Hannes Burger	Der Bayerische Wald braucht mehr Selbstbewußtsein	13
Adalbert Pongratz	Oids Haus, schees Haus	30
Felix Dahn	»Eine ächte Wäldlerstube ist mit allem versehen...«	33
Hannes Burger	Meine Großmutter und ihr Sachl	41
Koni Gruber	Die alte Bauweise ist kein Modegag	50
Clemens Weber	Ehrenpreise des Bayerischen Wald-Vereins	57
Konrad Müller / Isfried Griebel	Preise der Bayerischen Landesbausparkasse	64
Koni Gruber	Aus alt mach neu – Gewinn dabei	69
	Beispiele für Renovierungen	81
Koni Gruber	Ein neues Haus im alten Stil	95
	Beispiele für Neubauten	111
Koni Gruber	Der große Wurf aus kleinen Bausteinen	123

Ein Werk aus der Praxis – für die Praxis

Ich begrüße die Herausgabe dieses Werkes über landschaftsgebundene Bauweise, das sowohl Bauherren als auch Architekten viele Anregungen geben kann.

Koni Gruber, selbst Architekt und Mitglied des Kulturausschusses des Bayerischen Wald-Vereins, hat sich als Fachmann hohes Ansehen erworben. Mehrere seiner Bauten konnten vom Gutachtergremium des Bayerischen Wald-Vereins mit dem Ehrenpreis für landschaftsgebundenes Bauen ausgezeichnet werden.

Koni Gruber ist mit seiner ganzen Persönlichkeit landschaftsverwurzelt; dies zeigt er neben seiner beruflichen Arbeit auch in seiner Freizeitbeschäftigung als Volksmusikant. So lag es nahe, daß wir ihn gebeten haben, seinen Wissens- und Erfahrungsschatz in einem Buch im Rahmen der Schriftenreihe »Kleine Bücherei des Bayerischen Wald-Vereins« darzustellen. Das ist ihm in vorzüglicher Weise gelungen. Nun ist zwar daraus ein größerer und geradezu prächtiger Band geworden, aber die ursprüngliche Zielsetzung ist geblieben: Es ist ein Werk aus der Praxis für die Praxis.

Die textliche Formulierung seiner Gedanken lag beim Journalisten und Schriftsteller Hannes Burger in guten Händen. Die drucktechnische Ausführung und die geschmackvolle Gewandung des reichbebilderten Buches besorgte in bewährter Art der Verlag Morsak. Allen, die zu seinem Erscheinen zusammengewirkt haben, sage ich herzlichen Dank.

Ich wünsche, daß dieses gelungene Werk viele Freunde finden und entsprechend unserem Anliegen dazu beitragen möge, unserer niederbayerischen Heimat das gute Ansehen zu bewahren, das sie sich in Jahrhunderten erworben hat, und auch für heute und morgen verdient.

Landshut, im November 1983

DR. GOTTFRIED SCHMID

Regierungspräsident von Niederbayern
Präsident des Bayerischen Wald-Vereins

*Der Autor
widmet dieses Buch
dem Bayerischen Wald-Verein
zum 100. Geburtstag
und dankt
dem 100jährigen Morsak-Verlag
für die großzügige
Ausstattung*

KONI GRUBER

Was ich mit diesem Buch eigentlich will...

»Wenn es dem Esel zu wohl wird«, sagt ein altes Sprichwort, »dann geht er aufs Eis«. Und: »Wenn es einem Architekten zu wohl wird«, könnte man das Sprichwort abwandeln, »dann fängt er an, Bücher zu schreiben«. Aber ich kann alle Freunde und Kollegen, alle Bauherren und -firmen beruhigen: sie können – und müssen! – weiter mit mir rechnen! Ich habe nämlich nicht beschlossen, Schriftsteller zu werden.

Was ich mit diesem Buch eigentlich will, und worauf es mir ankommt, ist – kurz gesagt – folgendes: Anstöße und Anregungen geben für Bauherren und Handwerker, durch schöne Bilder Anreize schaffen für landschaftsgebundenes Bauen und durch praktische Ratschläge anhand von konkreten Beispielen Mut machen. Es gehört nämlich heute immer noch Mut dazu, sich wieder zu den in Jahrhunderten bewährten Bau-Grundsätzen unserer Vorväter zu bekennen, trotzdem den höheren Ansprüchen unserer Zeit gerecht zu werden, aber dabei nicht in plötzlich chic gewordenen Mode-Firlefanz am Bau zu verfallen.

Vor rund 18 Jahren habe ich damit begonnen, das zu praktizieren, was man heute „landschaftsgebundenes Bauen" nennt. Damals habe ich viel Kopfschütteln, Spott und mitleidiges Lächeln dafür geerntet. Aber stur, wie wir Niederbayern eben sein können, wenn wir von etwas überzeugt sind, habe ich weitergemacht. Nach und nach haben sich gleichgesinnte Kollegen mit mir zusammengetan, vor allem innerhalb des Bayerischen Waldvereins. Wir haben diskutiert, kritisiert, erprobt, Erfahrungen gesammelt – auch aus eigenen Fehlern – und haben geworben und beraten.

Manchmal ist man sich wie ein Volksmissionar vorgekommen, wenn man immer gepredigt hat: »Leit, starrts net voller Neid und Bewunderung auf die Vorstadt-Bungalows! Schauts net bloß in Bauzeitschriften, sondern auf Euer eigene Landschaft, wie da immer baut wordn is und was da hinpaßt! Reißts net einfach alles weg, was schee war und bloß nimmer modern is! Verachtets unsere bewährte Baukultur net als ‚altes Graffe', sondern richt's es im alten Stil wieder zeitgemäß her!«

Gottseidank stößt man heute nicht mehr auf ganz soviel Unverständnis. Die mühselige Aufklärungs- und Förderungsarbeit des Bayerischen Waldvereins trägt langsam ihre Früchte. Auch die Bayerische Landesbausparkasse hat seit gut 10 Jahren unser Bemühen um landschaftsgerechtes Bauen aufgegriffen und unterstützt. Die Zeitschrift »Schöner Bayerischer Wald« verstärkt seit einigen Jahren die Geschmacksbildung in der einheimischen Bevölkerung und das Bewußtsein einer gewissen Heimattreue auch im Baustil.

Bis zu einem gewissen Grad ist die Rückkehr zu ländlichen und bäuerlichen Bauformen im Zuge der Nostalgie-Welle sogar zu einer neuen Modeerscheinung geworden. Da heißt es dann schon wieder bremsen, umgekehrt beraten: »Halt, keine verschnörkelten Folklore-Museen! Schlicht und einfach bleiben! Nicht mit aller Gewalt urig und bärig sein wollen! Ein modernisiertes Bauernhaus soll keine heizbare Lederhose werden – zum rustikalen Wohnen im Trachten-Look. Und ein Einfamilienhaus oder ein Ferienhaus soll zwar gemütlich sein und vom Aussehen her in den Bayerischen Wald passen. Aber es darf auch nicht ausschauen wie ein bajuwarischer Souvenir-Kiosk am Oktoberfest. Bauen in einem der bayerischen Landschaft angepaßten Stil sollte nicht zu ›Bayern pop‹ in der Architektur führen«.

Mit anderen Worten: Immer mehr Leute sind inzwischen aufgeschlossen für landschaftsgebundenes Bauen, aber viele wissen nicht mehr, wie es geht. Auch zum Teil die Handwerker nicht! Und gut gemeint ist leider auch am Bau meist das Gegenteil von gut. Da braucht es eben mancher Tips und Ratschläge, aber auch Warnungen und vorbeugender kritischer Hinweise. Heute reden alle vom landschaftsgebundenen Bauen, aber nur wenige können auch zeigen, was das überhaupt ist und worauf es ankommt. Wir versuchen es in diesem Bildband sichtbar zu machen.

Die neueren im allgemeinen Teil dieses Bildbands gezeigten Häuser sind zum Teil nicht von mir. Es gibt schließlich viele Bauten von Kollegen, die auch meinen Vorstellungen von landschaftsgebundenem Bauen entsprechen und zu Recht mit Preisen ausgezeichnet wurden – wie meine Häuser auch. Ich zeige ja auch oft im Vorbeifahren solche gelungenen Bauten her, wenn ich Bauherren oder Handwerker überzeugen will. Aber ich muß um Verständnis dafür bitten, daß ich für die Beschreibung und Interpretation von einzelnen Neubauten oder Renovierungen nur Beispiele auswählen konnte, zu denen ich auch etwas sagen kann und darf: also Häuser und Details daran, die von mir angeregt, geplant oder ausgeführt wurden. Ebenso muß ich um Verständnis dafür bitten, daß ich zu den gezeigten Beispielen weder Namen noch Adressen angeben kann – aus Rücksicht auf die Besitzer oder Bewohner, die nicht dauernd besichtigt werden wollen wie in einer Ausstellung.

Ich will also mit der Veröffentlichung dieses Bildbandes keineswegs den Eindruck erwecken, als ob ich mich etwa für den größten Architekten Niederbayerns halten würde, der als einziger das Bauen in der Landschaft beherrscht. Aber nachdem ich diese Art von Bauen nun 18 Jahre lang praktisch betrieben und mich 18 Jahre lang damit auseinandergesetzt habe, kann ich immerhin eine gewisse »Volljährigkeit« in diesem Bereich beanspruchen. Darum habe ich auch die Aufforderung des Bayerischen Waldvereins gerne aufgegriffen, doch diese meine Erfahrungen weiterzugeben, das gezahlte Lehrgeld anderen zu ersparen und Beispiele zu zeigen, die für andere ein Denkanstoß sein könnten.

Nun bin ich es allerdings gewohnt, mit den Leuten so zu reden, wie ihnen und mir der Schnabel gewachsen ist. Das Zeichnen habe ich von Berufs wegen gelernt und mit dem Fotoapparat komme ich als Amateur auch ganz gut zurecht – was man hoffentlich im Buch sieht. Nur war die Schreiberei nie meine Leidenschaft und meine Stärke. Aber: »Der Teifi huift seine Leit« sagt man bei uns und darum hat er mir den Hannes Burger geschickt. Vielleicht war es auch der Himmel. Aber auf jeden Fall ist mir dieser Münchner Journalist und Schriftsteller mit seiner Vorliebe für den Bayerischen Wald zur rechten Zeit ins Haus gestolpert.

Gekannt haben wir uns schon lange vom Waldverein her, aber jetzt hat er sich ein altes Bauernhaus gekauft, wollte es umbauen und dafür meine Beratung und Hilfe haben. Da war er in der Falle – und das Geschäft auf Gegenseitigkeit perfekt: Hilfst Du mir beim Buchschreiben, helf ich Dir beim Hausbauen! So ist es zu dieser Zusammenarbeit gekommen, und ich kann nur wünschen und hoffen, daß am Schluß auch alle damit zufrieden sind: der Burger Hannes mit meiner Bauberatung, ich mit seiner redaktionellen Text-Bearbeitung, der Verlag mit Manuskript und Bildern, und der Waldverein sowie die Leser mit dem so entstandenen Buch.

Bei allen möchte ich mich jedenfalls herzlich bedanken,

Euer

KONI GRUBER

Am Bau: Koni Gruber (rechts)

Hannes Burger

Karl Alexander Flügel

Dieses Buch enthält sieben Landschafts-Darstellungen mit Häusern und Gehöften im Bayerischen Wald von Karl Alexander Flügel. Das ist gewissermaßen nur ein Blick durchs Schlüsselloch in eine künstlerische Schatzkammer, die außerhalb der Fachwelt kaum bekannt ist. Seine Schätze wären es wert, ans Licht einer breiteren Öffentlichkeit geholt zu werden. Vielleicht sind die sieben »Vorboten« ein erster Anstoß dazu.

Der Münchner Maler und Zeichner Karl Alexander Flügel (Jahrgang 1880) suchte nach seinem Studium vor allem die Auseinandersetzung mit dem Thema Landschaft. Sein Weg führte ihn über die Schweiz, Frankreich, Italien und Spanien bis Marokko – von überall dort gibt es hervorragende Zeugnisse seines Schaffens.

Aber die Ruhe zur Vollendung fand er nicht in der großen weiten Welt, sondern erst im Bayerischen Wald. Hier blieb er hängen, und seine Traumlandschaft ließ ihn nicht mehr los. Am Ulrichsberg bei Deggendorf baute er sich ein Haus und blieb hier bis zu seinem Tode (1967).

Über das künstlerische Werk Flügels schrieb der Professor an der Akademie der Bildenden Künste, Wunibald Puchner, einmal als Vorwort zu einer Mappe mit Drucken von seinen Zeichnungen:

»Dieser Maler war weder dem Pathos noch der Romantik verfallen. Er hatte seine Freude am Nahen, Einfachen, Schlichten, an den besonderen Reizen dieser Waldlandschaft, die seinen Sinnen in ganz anderer Weise aufgegangen ist als manchem von uns, der glaubt, den Bayerischen Wald zu kennen.

Durch die hinterlassenen Bilder lehrt uns der Künstler, das Wesentliche zu sehen, um damit etwas aufzunehmen von der Schönheit und der zauberischen Stille des Waldes, von der ergreifenden Melancholie der dunklen Seen, die von Tannen umsäumt und von Bergen umstanden sind.

Sein Werk wird jedem, der willens ist, sich den herben Reizen dieser Landschaft hinzugeben, helfen, sie ganz zu verstehen und sie vielleicht zu lieben.

Karl Alexander Flügel hat durch sein zärtliches Landschaftsgefühl die Schönheit des Waldes für unsere Zeit neu entdeckt und er hat diesem Streben einen künstlerischen Tribut entrichtet, der von Verzicht und Opfer begleitet war«.

Hannes Burger

Der Bayerische Wald braucht mehr Selbstbewußtsein

Wie kommt der Spinat aufs Dach, wenn die Kuh nicht klettern kann? So berechtigt wie diese Scherzfrage ist auch folgende: Wie kommt ein Journalist und Schriftsteller dazu, an einem Buch über landschaftsgebundenes Bauen mitzuwirken, wenn er so gut wie nichts vom Baufach versteht? Darum gleich eine Klarstellung vorweg: die inhaltlichen Aussagen dieses Bildbandes sind nicht auf meinem Mist gewachsen. Sie beruhen einzig und allein auf den Kenntnisssen, Erfahrungen und Überlegungen des Architekten Koni Gruber. Ob das, was er zum Thema »Bauen in der Landschaft« sagt, fachlich falsch oder richtig ist, kann ich überhaupt nicht beurteilen und möchte auch keine Prügel dafür bekommen.

Als Hannes Burger kann ich nur soviel ganz persönlich sagen – und zwar als langjähriger Bayerwald-Urlauber wie als ganz frisch gebackener »Um-Bauherr« im Bayerischen Wald: mich hat der Gruber Koni überzeugt, ich finde seine Ansichten vernünftig und halte die meisten seiner Projekte zwar nicht für allein-seligmachend, aber für beispielhaft. Sonst wäre ich auch nie darauf eingegangen, mich für seine Hilfe beim Umbau meines Waldlerhauses dadurch zu revanchieren, daß ich als Berufsschreiber seine Gedanken und Aussagen in eine auch für andere Bau-Laien verständliche Sprache und in eine übersichtliche redaktionelle Form zu bringen versuchte.

Was ich dagegen jetzt als meine eigenen Aussagen zur Einführung in dieses Buch wiedergebe, hat nichts mit architektonischen oder bauhandwerklichen Fachkenntnissen zu tun. Aber was ich hier als kritische Anstöße voranstellen möchte, hat etwas zu tun mit persönlicher Erfahrung in den letzten eineinhalb Jahrzehnten im Bayerischen Wald: als Münchner in Niederbayern, als Großstädter im Urlaub auf dem Land und als Journalist in der Auseinandersetzung mit der wirtschaftlichen, sozialen, kulturellen und speziell touristischen Entwicklung im Bayerischen Wald. Und wenn einem diese Entwicklung nicht gleichgültig ist, weil man den Bayerischen Wald genauer kennen und schätzen gelernt hat, kann man als Kurzresümee nur sagen: Da machst was mit!

Das Innen- und Außenleben eines alten Waldlerhauses kenne ich noch aus meiner Kinderzeit im Bayerischen Wald während des Krieges. Diese Erinnerungen habe ich in einem anderen Teil des Buches beschrieben. Aber meine erste journalistische Begegnung mit dem Bauen im Bayerischen Wald habe ich erst im Jahr 1970 gehabt. Da war gerade die Hochkonjunktur des Hotel-Gigantismus und der Bayerwald-Wolkenkratzer, der Sichtbeton-Silos und des industriellen »Barack-Stils«, der

Wie herausgewachsen aus der Landschaft und natürlich in sie eingebettet wirkt dieses alte Holzhaus mit dem Krüppelwalm. In Form und Material angepaßt, wird es nie als Fremdkörper empfunden.

Asphalt-Landschaft und der gastronomischen Plastik-Kultur, der Freistil-Modernisierung bei den Ärmeren und der Folklorevillen mit Hollywoodblick aus dem Breitwandfenster bei den Bonzen, die es auch in Niederbayern gibt.

In diese Landschaft des importierten Bau-Fortschritts habe ich als Redakteur einer großen Münchner Tageszeitung gewissermaßen mit der schweren Artillerie hineingeschossen, um bei den einen die Begeisterung an rücksichtsloser Landschaftszerstörung zu bremsen und die anderen nach Möglichkeit zu unterstützen.

Diese »anderen« waren vernünftige Kommunalpolitiker, die den baulichen Größenwahn nicht mitmachen wollten, hilflose Heimatpfleger, die als altwäldlerische Romantiker verlacht wurden, und von der Abgeordneten-Lobby eingeschüchterte Verwaltungsbeamte. Dazu gehörten auch Kollegen aus der Lokalpresse, die von der Großbau-Mafia mit dem Vorwurf unter Druck gesetzt wurden, sie würden mit ihrer Kritik den Fortschritt behindern und damit nur Arbeitslosigkeit und Abwanderung im Bayerischen Wald fördern. Da tut man sich als journalistischer Partisan einer großen Zeitung schon leichter – nach dem Motto: hinfahren, zuschlagen, abhauen. Etliche Male wurden mir von auswärtigen Baubetreibern Prozesse und von deren einheimischen Nutznießern der Ochsenfiesel angedroht. Von beidem bin ich gottlob verschont geblieben.

Wenn ich hier und heute nach mehr als zehn Jahren an diese Auseinandersetzungen erinnere, dann nicht, um mich zu rühmen oder gar als »Retter des Bayerwaldes« aufzuspielen. Ich möchte vielmehr zweierlei ins Bewußtsein rufen: erstens, in welche Gefahr der unwiderruflichen Vernichtung der Bayerische Wald in kürzester Zeit geraten wäre, falls nur alle schon geplanten touristischen Großprojekte in den Schubladen noch auf der grünen Wiese verwirklicht worden wären; zweitens, wieviel doch eine Bewußtseinsbildung und eine gemeinsame Rückbesinnung auf die wahren Werte zum Besseren wenden kann. Während aber im Bereich der Großbauten noch vieles verhindert und manches nachträglich halbwegs korrigiert werden konnte, kam bei den kleineren Häusern die Einsicht meist zu spät. Was von der traditionellen Hauslandschaft und der alten Baukultur im Bayerischen Wald nicht schon in den Fünfziger- und Sechziger-Jahren abgeräumt war, fiel großteils der Spitzhacke und der Planierraupe in den Siebziger-Jahren zum Opfer. Als der Denkmalschutz wirksam zu werden begann, war schon nicht mehr viel übrig zum Schützen. Und für den Rest an historischer Bausubstanz gab es im Bayerischen Wald überall leichter eine Ausnahme-Genehmigung zum Abbrechen als eine Genehmigung zum Erhalten und Restaurieren an Ort und Stelle.

Dabei wären manche Gebäude noch komplett, viele zum Teil zu retten gewesen und man hätte sie – ohne viel größeren Aufwand als für einen Neubau – ohne weiteres für heutige Wohnbedürfnisse umbauen können. Viele andere, die keine erhaltenswerte und als Denkmal zu schützende Bausubstanz mehr hatten, hätte man unter der Auflage abreißen lassen können, daß in der gleichen Art und im gleichen Stil wieder neu aufgebaut wird. Anstatt nur überall diese schauderhaften einfallslosen Allerweltshäuschen im Baukastenstil großstädtischer Stadtrand-Zersiedelung zu genehmigen. Nun sage mir bitte niemand, das sei eben eine Folge der Armut und der wirtschaftlichen Spätentwicklung im Bayerischen Wald. Und wenn im alpenländischen Oberbayern, – bei allen unübersehbaren Neubau-Sünden – doch erheblich mehr an schöner alter Baukultur erhalten wurde als in Niederbayern, dann hätte dies eben nur der größere Wohlstand ermöglicht. Das sind alles Argumente, die auf die alten Häuser-Landschaften noch zugetroffen haben: natürlich waren in armen Gegenden die Wohnungen und Stallungen der Kleinhäusler viel bescheidener in Größe und Ausführung als die prächtigen Höfe im reichen Bauernland. Aber die kleinen Häuser der ärmeren Leute waren ja deshalb nie geschmacklos und mit Baumaterialien oder -formen gestaltet, die in bayerischen Landen fremd waren. Sie waren bescheiden aber schön!

Heute dagegen verzichtet in Niederbayern (ähnlich wie im nördlichen Oberbayern) der kleine Mann häufig auf einen gleich teuren schönen alten Baustil, weil er sich dafür schämt. Und je reicher einer ist, desto geschmackloser baut er meist. Dafür sind die Millionenbauern rund um die Großstädte mit ihren neuen Rustikal-Palais ebenso ein schlagendes Beispiel wie die niederbayerischen Großagrarier mit ihren protzigen Luxusbungalows. Und wo der kleine Mann im Bayerischen Wald an Bauvolumen nicht mithalten kann, da hängt er sich an modisch-folkloristische Verschnörkelungen und Außenverzierungen. Da muß plötzlich jedes Haus einen Erker haben – Koni Gruber nennt sie nur »Kropf am Haus«. Da müssen Gartenzwerge in Kompaniestärke aufmarschieren, und alte Autoreifen als Umrandung von Blumenrabatten zeigen schon von weitem an, daß hier ein Autobesitzer wohnt. Andere dekorieren ihre zu vermietenden Ferienhäuser mit soviel zusammengekauften und verfremdeten bäuerlichen Geräten oder Jagd-Trophäen, als könnten sie nur mit diesem süßlichen Lebkuchenstil die Knusperhexen aus der Stadt in den Bayerischen Wald locken. Ganz zu schweigen von den buntscheckigen Wandmalereien nach dem Motto »Kitsch as Kitsch can!«

Der Koni Gruber hat mir als strenge »Dienstanweisung« aufgetragen, er wolle mit schönen Beispielen für landschaftsgebundenes Bauen werben und nicht abschreckende Beispiele anprangern, weniger kritisieren und polemisieren, sondern mehr anregen und beraten. Das ist auch besser so, weil wir für die Darstellung aller baulichen Scheußlichkeiten und kitschigen Verunzierungen sowieso mindestens ein dreibändiges Werk bräuchten. Darum halte ich mich auch gerne zurück, was das Aufzeigen von Negativ-Beispielen betrifft. Aber man muß den geistigen Wurzeln des bereitwilligen Abräumens alter Häuser – bis heute! – und des blinden Nachahmens neuer städtischer Bauformen nachspüren. Ohne die Wurzeln des Übels zu nennen, ist es nämlich trotz aller Ratschläge nicht zu kurieren.

Meiner Meinung nach liegt die Wurzel für den heutigen Kulturverfall und für die Geschmacks-Unsicherheit im Bayerischen Wald vor allem in einem mangelnden Selbstbewußtsein. Das ist nicht das gleiche wie Großkotzigkeit und Angeberei, die es nämlich durchaus auch im Bayerischen Wald gibt.

Der Renovierung bedürftig, aber auch würdig wäre dieses stark beschädigte Bauernhaus (siehe auch rechts und S. 85).

Der Besitzer des Hauses G. (noch im Urzustand mit Krüppelwalm) möchte es abreißen und neu bauen.

Häuser im Bayerischen Wald müssen auch den extremen Belastungen durch Klima und Wetter im Grenzgebirge angepaßt sein.

Selbstbewußtsein kommt aus einer inneren Zufriedenheit und einer inneren Sicherheit über Wert und Schönheit. Selbstbewußtsein in Bescheidenheit und innerer Würde kann sich auch der arme Mann leisten und ebenso die Bevölkerung in einer wirtschaftlich schwächeren Gegend. Daß man von einer Vergangenheit der Not, der Armut und Weltabgeschiedenheit wegkommen will, ist ja selbstverständlich. Aber deshalb braucht man doch nicht gleich seine ganze menschliche, soziale und kulturelle Herkunft zu verachten, zu verdrängen und möglichst noch alle Spuren mit der Spitzhacke zu beseitigen. Gerade dies aber ist in den letzten Jahrzehnten im Bayerischen Wald geschehen, zum Teil geschieht es heute noch. Und obwohl viele Fehler in Oberbayern schon früher passiert sind, hat man im Bayerischen Wald nichts daraus gelernt, sondern hat trotzig darauf bestanden, die gleichen Fehler auch selbst nachmachen zu dürfen. »Mir san mir und schreim uns uns«!

In der ersten Welle der kulturellen Selbstkastration hat man das Innere der Häuser »entrümpelt«. Raus mit dem alten Graffel, den alten Schränken und Truhen, den Tischen und Bänken, raus mit den alten Holzdecken und Kachelöfen! Raus damit, solange es noch so blöde Stadtleute gibt, die den Mist aufkaufen! Und her mit der blitzblanken, pflegeleichten und abwaschbaren Kunststoff-Einrichtung aus dem Versandhaus! Nach dieser Methode hat man auch zahllose schöne alte Wirtsstuben, die nur renovierungsbedürftig gewesen wären, in billige öde Bahnhofswartesäle verwandelt. Bis man plötzlich verwundert erfahren hat, welche Preise für das »alte Graffel« in der Stadt gezahlt wurden. Und welche Wertschätzung dort bäuerliche Möbel und Gerätschaften erfuhren, die man zuhause gerade noch mit Glück in einigen Bauernhaus-Museen vorfinden konnte. So hat man sich dann ein ums andere Mal wieder ausgeschmiert und benachteiligt gefühlt. Und schuld waren immer die anderen.

Die zweite Welle des Fortschritts und der hausgemachten Kulturrevolution hat dann die Häuser selbst erfaßt – und die meisten davon weggeschwemmt. So gut wie nie hat es sich dabei so abgespielt, daß eine traurige Familie sich von ihrem geliebten alten Vaterhaus trennen mußte, weil sie zu arm war, es zu modernisieren. Meist war es so, daß sich die Besitzer für ihre »alte Hiaba« schämten, daß weder guter Rat noch gutes Zureden etwas half, sie zum Erhalt zu überreden. Und dies nicht zuletzt auch deshalb, weil die ganze Gesellschaft kein Verständnis für die Bewahrung der alten Baukultur hatte. Die Nachbarn redeten dumm daher, die Gemeinderäte ermutigten vielerorts dazu, zur »Verschönerung« der Dörfer alte »Schandflecke« zu beseitigen. Aber auch viele Architekten und Baufirmen redeten dem Abbruch und Neubau das Wort, weil es für sie viel bequemer war, nach Schema F und der Methode Ruckizucki alte Häuser einfach durch schablonierte Einheitswohnmaschinen zu ersetzen.

Nicht daß es etwa unsittlich wäre, neu zu bauen! Erstens geht es manchmal garnicht anders, wenn ein Haus einfach kaputt ist. Zweitens wurden durch die ganze Geschichte unserer Kulturlandschaft hindurch immer wieder Renovierungen, Umbauten, Erweiterungen, Anbauten und ebenso Neubauten

erstellt. Aber trotz ständiger Weiterentwicklung von Materialien, Formen und Techniken blieben auch die Neubauten keine Fremdkörper, sondern blieben immer dem Dorf oder der Landschaft angepaßt.

Aber heute ist das ja anders. Erst in der heutigen Zeit bedeutet nämlich der Ersatz eines alten Hauses durch ein neues meist auch eine totale Veränderung des Baustils und des Ortsbildes. Denn unser Dorf soll ja schöner werden! Und wir wollen uns doch nicht nachsagen lassen, daß wir rückständige Hinterwäldler seien und nicht wüßten, wie »man« heutzutage baut! Dieser Minderwertigkeitskomplex und dieses mangelnde Selbstbewußtsein haben bewirkt, daß das, was der große Krieg an Abräumen auf dem Land nicht geschafft hat, in der Nachkriegszeit mit aller Gewalt nachgeholt wurde. Und weil die Nazis nur die Uniformierung der Menschen geschafft hatten, wurde auch die Uniformierung der Häuser pflichteifrig nachvollzogen, auch auf dem Land.

Zweifellos hat in Oberbayern nicht die höhere Einsicht und größere Klugheit allein dazu beigetragen, daß mehr alte Häuser trotz innerer Modernisierung erhalten blieben und daß immerhin auch mehr Neubauten rücksichtsvoll dem Ortsbild angepaßt wurden. Eine große Rolle hat dabei schon auch der Fremdenverkehr gespielt. Wo es die Einheimischen selbst nicht gemerkt haben, konnten sie es aus der Bewunderung der Touristen ableiten: die alten Bauernhöfe, Wohn- und Wirtshäuser, die alten Dorfkerne, mußten doch etwas Besonderes sein, wenn sie diese Menschen aus den modernen Industriestädten und Ballungszentren so anzogen und faszinierten! Wo die Gäste immer lieber in den schöneren Häusern wohnen wollten und nicht so gern in den gleichen Wohnmaschinen aus Beton und Stahl wie zuhause, da wuchs natürlich auch das Selbstbewußtsein der Einheimischen, die den Wert ihrer alten Kultur aus Bewunderung und Neid von Fremden erfuhren.

Inzwischen hat man auch im Bayerischen Wald gemerkt, daß die Fremden nicht vor den alten Häusern stehenbleiben, weil sie sich über die Rückständigkeit lustig machen wollen, sondern weil sie diese als Attraktion bewundern. Und die Fremdenverkehrsreferenten wissen genau, daß alte Häuser im Prospekt eine gute Werbewirkung haben. Da wird dann geblußt, selbst wenn man die Fotos vom Museum ausleihen muß oder von Nachbargemeinden, die nicht ganz so schnell waren mit der Planierraupe!

Es ist schon fast eher tragisch als komisch, wenn man beobachtet, was sich in den Bauernhaus-Museen abspielt, zum Beispiel bei Georg Höltl am Dreiburgensee. Da wollten Bauern zuerst ihr altes Haus als Schandfleck beseitigen, dann haben sie sich ins Fäustchen gelacht, daß der Höltl so blöd ist und für so altes Gerümpel auch noch Geld zahlt und ihnen zusätzlich die Abbruchkosten erspart. (Nur wenige ließen sich von ihm überreden, das Haus zu behalten und zu renovieren!) Und heute fahren sie mit Freunden und Verwandten von überall her und zahlen Eintritt, nur damit sie vor ihrem früheren Haus stehen können und sich wundern: »Gell, schee is', unser Haus!«

Natürlich ist es etwas anderes, ob man im Museum vor schönen alten Häusern steht und sie wie einen

Das Haus aus Stein und der Stadel aus Holz: sie fügen sich zusammen wie das Urgestein der Bayerwald-Hügel und die Bäume, die darauf wachsen.

Der Hof mit dem Krüppelwalm schmiegt sich an den Höhenrücken an (siehe S. 119/120, Haus E.)

Traum von vergangenen Zeiten bewundert: »So war's amoi im Woid!« Oder ob man in den gleichen Häusern selbst wohnen und wirtschaften muß. Aber das geht ja in vielen Fällen auch: daß man die Erhaltung der alten Bausubstanz mit neuem Wohnkomfort verbindet. Koni Gruber hat für einige Kunden alte Häuser, die sie gekauft hatten, an Ort und Stelle renoviert, andere auf neue Plätze umgesetzt. Die Beispiele werden gezeigt. In beiden Fällen kommen die früheren Besitzer immer noch mit Nachbarn und zeigen her, was daraus geworden ist: »Schau, wia schee unser altes Haus heit is!« Nur leider gehört es ihnen nicht mehr.

Aber die Fehler der Vergangenheit sind dazu da, für die Zukunft zu lernen. Und für eine Umkehr zum besseren und schöneren (nicht unbedingt teureren) Bauen in der Landschaft ist es nie zu spät. Keiner soll sich als Obergescheiter aufspielen, der immer schon alles gewußt hat. Hätte ich vor 10 oder 15 Jahren ein Bauernhaus erworben und ein Ferienhaus daraus gemacht, hätte ich vielleicht auch nicht auf den Gruber Koni gehört. Wahrscheinlich hätte ich ganz anders bauen lassen und würde mich heute ärgern. Und andere haben vielleicht inzwischen ihr Häuschen bereits weitgehend abgezahlt und noch einen Bausparvertrag laufen. Mit dem können sie bei guter Beratung vieles von dem wieder korrigieren, was sie früher eben so gemacht hatten, weil sie es auch nicht anders kannten. Heute etwas zu verbessern, was man gestern noch nicht gewußt hat, ist keine Schande. Über die Fehler von heute wissen wir in 10 Jahren auch wieder mehr. Aber die Fehler von gestern heute als Weltanschauungen verteidigen, das ist Dummheit!

Für alle, die – wie ich – nichts vom Bau verstehen oder die selber etwas machen können und nur in Stil- und Geschmacksfragen unsicher sind, soll dieses Buch eine Ermunterung und Orientierung sein. Gleichgültig, ob jemand ein altes Haus erhalten und renovieren, ein »mittelalterliches« anbauen oder im Stil anpassen oder ob er ein neues Haus planen will: es lohnt sich die Auseinandersetzung mit den Gesichtspunkten des landschaftsgebundenen Bauens. Man bekommt ein Haus zum »Hineinschlüpfen« und »Wohlfühlen«, nicht nur einen Unterstand mit Schlafgelegenheit.

Auch die Handwerker haben es zum Teil schon völlig verlernt, in alten Techniken den Stil des Bayerwaldes zu erhalten. Viele haben ihre ganze Tüchtigkeit darauf verwendet, neue Effekte vorzutäuschen und sich möglichst eng dem modernen deutschen Einheitsbaustil für Einfamilienhäuser anzupassen, in dem auf keinen Fall etwas altmodisch oder gar natürlich aussehen darf. Wozu einen echten Balken nehmen, wo man doch auch Stahlträger mit Holzfaserplatten verkleiden und mit Balkenmuster auf DC-fix als echt vortäuschen kann? Wozu einen Deckenbalken durchziehen zum Balkon, wo man doch draußen leicht welche an Stahlbändern anschrauben kann? »Des merkt ja niemand!«, ist das häufigste Argument für billigen Pfusch.

Aber noch ist es nicht zu spät. Die Alten können es noch und müssen nur gefordert werden. Bei den ganz Jungen wächst wieder das Verständnis und die Freude, am bewährten Stil und Geschmack der Altvorderen anzuknüpfen. Nur die mittlere Generation ist verständlicherweise verunsichert, weil

Eine Hauslandschaft ohne weithin sichtbare Bausünde findet man heute nur noch selten. Wie eine Herde kuscheln sich die Häuser eng aneinander, um sich gegenseitig zu schützen und zu wärmen.

Manche alte Häuser stehen so in der Landschaft, daß ohne sie etwas fehlen würde.

plötzlich das wieder kritisiert wird, was ihnen kurz zuvor noch als der Weisheit letzter Schluß eingetrichtert und in Prüfungen abverlangt wurde.

Aber wo die Bauherren Interesse am landschaftsgebundenen Bauen zeigen und wo die Architekten – so wie der Gruber Koni und einige andere – mit den Handwerkern reden und ihnen erklären oder sogar vormachen, was gemeint ist und warum manche alten Methoden schönere Wirkungen bringen, da stellen sich die Bauhandwerker im Bayerischen Wald schnell wieder darauf ein. Und wenn sie als Profis nicht mehr jede modische Geschmacklosigkeit und jeden Stilbruch frei nach Einheitskatalog mitmachen, dann werden sich auch die Selbstbauer und die Schwarzarbeiter bald nach ihnen orientieren.

Früher war der Bayerische Wald arm, aber schön. Heute soll er ruhig wohlhabender werden, aber deshalb nicht scheußlich! Mein Wunsch wäre es, daß dieses Buch mithilft, mehr Selbstbewußtsein in die Dickschädel der Bayerwäldler einzuhämmern und mehr Stolz auf die traditionelle, gerade in ihrer Einfachheit schöne Baukultur in dieser herrlichen Landschaft.

Breit hingeduckt, die Bodenwellen geschickt als Schutz vor dem gefürchteten Wachelwind ausnutzend, verschmelzen die alten Häuser im Winter geradezu mit der Schneelandschaft.

Adalbert Pongratz

Oids Haus, schees Haus

Oids Haus, schees Haus,
Hoiz und Stoa:
Woidbauernhoamat
mit Gred und Schordrapf,
Grand, Kammer und Stoi.

Oids Haus, guats Haus,
Hoiz und Stoa:
Woidbauernhoamat
mit an Dach übern grindign Kopf,
mit Tisch, Bett und Wiang,
Spinnradl und Schmoizhaferl.
Da Ofa wachelt,
s' Gselcht boazt in Rauhfang.
Krowentbirl und Hollerstauan.

Oids Haus, kloas Haus,
Hoiz und Stoa:
Woidbauernhoamat
host d' Zeit überkemma
mit Kriag und Nout,
Gfrier und Dunnaweda,
Haglschlog und Blitz.
Host s' Sterm dalebt
mit Angst und Wehdam,

Betn, Weichbrunn und Atmzuing.
Host s' Wern dalebt
noch hoaßa Nacht
und schnejer Liab in da Kammer
vo Knecht und Dirn,
Bauer und Baiaren.

Oids Haus, liachts Haus,
Hoiz und Stoa:
Woidbauernhoamat
mit Kinderlacha und Muaserlko,
Freud und Hoffnung,
Hoizertnacht und Kirwabratl,
Gsangl, Tanz und Foschingsgaude.

Oids Haus, finstas Haus,
Hoiz und Stoa:
Woidbauernhoamat
mit Fensterguckerl und Spahliacht,
Weihaz, Drud und Feuersbrunst,
Gwoittat und Gschroah,
Unfried, Lug und Jammer.

Oids Haus, kranks Haus,
Hoiz und Stoa:

Woidbauernhoamat
bist oid worn mit den Leut.
Herbeitlt hots de in Sturm und Wind,
afgfreat, ausbrennt, zammadruckt.
Luckan, Löcha und Bruch.
Af Gant bist kemma
und d' Leut san furt.
Oids Haus, touts Haus,
Hoiz und Stoa.

Oids Haus, neus Haus,
Hoiz und Stoa
mit Gred und Schordrapf,
Grand, Kammer und Stoi.
Zammgricht hamms de,
a Museum bist worn,
s' Gschau host kriagt,
gsund bist wieda
und anderne Leut san do,
sitzn zo da Sitzweil in da Stum,
da groußn, da schöna,
toan erzäjhn, locha, musespejn.
Kunnt sei, daßd in ana söchan Stund
wieda Woidbauernhoamat bist:
Oids Haus, schees Haus,
Hoiz und Stoa.

Die spätere Version des Waldbauernhauses: unten mit Stein gemauert und oben mit Holzaufbau.

Das ältere Waldbauernhaus war ganz aus Holz. Später wurde oft unten eine Mauer eingesetzt.

Felix Dahn

»Eine ächte Wäldlerstube ist mit allem versehen...«

Bei der ungleichen Vertheilung des Grundbesitzes im Passauerwald-Gebiet und den hier »in dem Bisthum« vielfach wechselnden Abstufungen der Wohlhabenheit der Bewohner ist auch die Anlage und Ausführung der Wohnsitze eine sehr verschiedene und wir treffen ebenso gut wohlunterhaltene, stattliche Höfe, als das elendeste Hüttenwerk. Der bei weitem größere Theil der Ansiedlungen in Dorf, Weiler oder Einzelhaus besteht nur in einfachen Häusern, die zugleich zur Wohnung und zum Wirtschaftsbetriebe dienen, höchstens ist irgend ein Holzanbau als Schupfen oder dgl. damit verbunden. Unter den in Weilern und als Einzelgüter angelegten Höfen sind indessen viele zweifirstige zu finden, bei welchem unter dem Dache des Wohngebäudes sich noch der Schupfen befindet, und das zweite Gebäude Stall und Stadel enthält, mitunter ist der Stall der Wohnung angehängt. Die größten Besitzungen erheben sich mit den Giebeln von Wohnhaus, Stall, Stadel und Schupfen. Bei diesen sowohl als den größeren zweifirstigen Höfen befinden sich am Ende einer zugehörigen Feldmarkung, vom Haupthofe nicht zu entlegen, sogenannte »Inhäusler-Hütten« zur Unterkunft für die »Inleute«, d. h. Hintersaßen des Bauers.

Da und dort vereinzelt aber nur sehr selten sind die »Austragshäuseln« für die abgetretenen Besitzer des Hofes. Die eigenthümliche Bauart des Bisthums ist der Holzbau, in Construction und Zeichnung dem gebirgsländischen sehr ähnlich. Auf einer Unterlage von Stein sind die Wände aus behauenen Stämmen aufgeführt (sogenanntes Strickwerk). Diese Wände bleiben vielfach unbekleidet, ebenso oft sind sie mit Lehmwurf verkleidet und mit Kalk verputzt; an älteren dient schlechter Kothwurf selbst im Innern zum Verputze. Die Giebel sind nie verkleidet, Schupfen, Zuhäusln und dgl. ebensowenig. Steinbauten – aus Hau- höchst selten Ziegelsteinen – sieht man nur wenig außer in Märkten. Die Häuser sind mit ganz geringen Ausnahmen alle nur als Erdgeschoß angelegt, nicht hoch, mit sehr wenigen, ganz kleinen Fenstern. Das Dach ist flach und springt über die Wände vor, ist mit Legschindeln gedeckt, die von Steinen festgehalten werden, die Stirnbretter am Giebel kreuzen sich jedoch nie wie im Gebirgsstyle. Die Dächer der Scheunen sind alle hoch und mit Stroh eingedeckt, höchst selten sieht man ein Ziegeldach.

Im Innern sind noch sehr viele Waldhäuser in Stube und Kammer mit Brettern getäfelt, die in alten Häusern durch das Brennen der Buch- und Kienspäne statt Lichtern und Lampen oft mit dichtem Schwarz überzogen sind. Die mit Lehm verputzten sind von freundlicherem Ansehen, da ohnehin

Felix Dahn ist zwar 1834 in Hamburg geboren und 1912 in Breslau gestorben, war also kein Bayer, aber ein für damalige Verhältnisse weit gereister Mann. Der Jurist, Schriftsteller und nebenamtliche Geschichtsschreiber Felix Dahn hat dennoch eine Menge von Bayern gewußt und verstanden. Er gehörte nämlich zu den von einheimischen Gelehrten mißtrauisch und eifersüchtig beäugten »Nordlichtern«, die der bayerische König Max II. nach München holte. Der König hat damals aus ganz Bayern sogenannte »Physikatsberichte« anfordern lassen – heute würde man sagen »Landkreisberichte« –, die dann als Arbeitsgrundlage für die »Bavaria Landes- und Volkskunde des Königreichs Bayern« diente. An diesem Werk hat auch Felix Dahn mitgewirkt, der nicht nur die Physikatsberichte studiert, sondern auch selbst das Land Bayern als interessierter und kritischer Beobachter bereist hat. Nachfolgend Auszüge aus seinen Schilderungen über die Bau- und Wohnweise im Bayerischen Wald aus dem letzten Jahrhundert.

Im Museumsdorf Bayerischer Wald am Dreiburgensee bei Tittling wurden alte Waldlerhäuser und Gehöfte für die nächsten Generationen erhalten. Viele davon wurden gerade noch in letzter Minute vor der Planierraupe gerettet, dann sorgfältig abgebaut und im Museum wieder originalgetreu aufgestellt. Heute fahren die früheren Besitzer hin, zahlen Eintritt und bestaunen die Schönheit von ihrem ungeliebten »alten Graffe".

die kleinen Fenster nur äußerst wenig Licht gewähren. Besonders gesund können diese Gemächer nicht genannt werden. Eine ächte Wäldlerstube ist mit allem versehen, was sie zum Winteraufenthalt für eine ganze Familie geeignet macht. Alle Ecken sind von bestimmten Gegenständen eingenommen. In der einen steht der Ofen mit einer Eisenplatte versehen, mit Wasserkessel und Backröhre, denn es wird den größten Theil des Jahres hindurch auf diesem Ofen gekocht; die Küche wird nur im Sommer oder zum Backen von Nudeln und dgl. benützt, die auf offnem Feuer in der Pfanne mit Schmalz bereitet werden. Zwischen den Fenstern vor der Wandbank befindet sich der Tisch und darüber der Hausaltar mit seinem Crucifix und den bunten Tafeln, Bildern und Blumensträußen. Eine der beiden übrigen Ecken gehört dem »zwiespännigen« Bette des Hausvaters und seines Weibes, die andere dem Webstuhl, der fast in keinem Wäldlerhause fehlt. Bei ärmeren Leuten wird oft ein Stück Klein-Vieh, ein Schweinchen oder dgl., im strengen Winter auch noch Hühnervolk in solch einer Stube untergebracht, wo es von Kindern nur zu oft wimmelt, die aus den feuchten, kalten Kammern ihr Lager dann auf die »Ofenbänke« oder die Bank daneben verlegen. In solchen Gemächern ist dann wenig Ordnung und Reinlichkeit zu erwarten und man kann unter den Inhäuseln und Hütten der ärmeren Innerwäldler menschliche Wohnungen finden, die kaum für solche angesehen werden können.

Im Inner-Wald an der oberen Ilz und am Regen bis ans linke Donauufer herab gleicht die Anlage der Bauernhöfe, die Größe und Stattlichkeit der Bauten abgerechnet, ganz derjenigen, die im bayerischen Unterlande rechts der Donau vorherrscht, nämlich dem geschlossenen Hofbau von drei bis vier Firsten. Der größte Theil der Höfe in den Weilern, kleinern Dörfern und auch die Mehrzahl der in größeren Orten zusammengerückten stellt sich in dieser Weise bald im kleineren, bald im größeren Verhältnisse dar, dasselbe gilt von den Einzelhöfen, wie denn auch in kleinern Niederlassungen die Höfe meist in einiger Entfernung von einander liegen. Daneben zeigen sich viele einfirstige Bauernhäuser von ziemlichem Umfang bis herab zur armseligen Wohnung der »Hürtäleut« (Hüterleute). Höfe mit zwei Firsten sind selten.

Die überwiegende Mehrzahl der Gebäude, Wohnhäuser sowohl als Wirthschaftsräume sind von Holz aufgeführt, und auch sehr viele Neubauten werden von gleichem Stoffe errichtet, z. B. alle Schupfen, die Zubauten und dgl. An den Wohnungen sieht man das Holz mit Lehm verkleidet und verweißt. Neuere Steinbauten aus gehauenem Granit sind von außen nicht verputzt, da der Kalk hier sehr selten ist, auch der Mörtel wird oft durch Lehmmischungen ersetzt. Die Ställe sind auch an älteren Höfen mitunter gemauert. Alle Gebäude haben vorspringende, flache Schindeldächer, auf den Stadeln stehen hohe Strohdächer, doch auch flache Holzdachungen, wenn sie einen niedern Holzoberbau als Kornboden haben.

Alle Wohnhäuser sind in der Regel ebenerdig. Kommt ein Oberstock vor, so ist er sehr nieder, aus Holzstrickwerk (Holzriegelwerk), nicht verputzt. Die Fenster und Thüren, an neueren Bauten etwas

Ein Gehöft im frühen Winter – gemalt von Karl Alexander Flügel.

verbessert, gewähren kaum die unentbehrlichste Luft und Helle, so klein sind sie, besonders in den Kammern. Die Wände im Innern sind ebenso häufig vertäfelt, als mit Lehm verstrichen, auch das nackte Gehölze ist oftmals sichtbar. Alles Holzwerk ist sehr einfach profilirt und ornamentirt, die Bemalung der Verzierungen, Laden, Thüren, Gitter roth mit weiß.
Im innern Wald am schwarzen Regen sind die größeren Gehöfte in der bekannten Weise aus drei auch aus vier Gebäuden zusammengestellt und manchmal auch wie im Rotthal durch Thor und Planke abgeschlossen. Wie im ganzen Wald überwiegt an ihnen der Holzbau, das flache Schindeldach liegt auf allen, nur der Stadel trägt ein hohes Strohdach, seltener eines von Ziegelplatten. Die größern Scheunen haben eine Getraid- und eine Futter-Tenne und obenauf den Kornboden. Die Wohnbauten sind fast ohne Ausnahme ebenerdig und von Holz mit Lehmwurf, dagegen Ställe und Stadel öfters aus Hausteinen gemauert. Auf den erstern findet man in großen Gehöften manchmal einen niedern, gezimmerten Oberstock mit flachem Schindeldach, unter welchem an der Hofseite eine lange Gallerie mit Säulen hinläuft. Dieser Oberstock dient zum Theil als Gesindewohnung, zum

Eine Ecke der alten Waldlerstube ist für den Tisch, die gemütliche Eckbank und den geschmückten Herrgottswinkel bestimmt.

Theil als Futtereinlage. Höfe von zwei und einem First haben in dieser Gegend auf dem Wohnbau häufig einen aus gehauenen Balken gestrikten Halbstock (sehr niederen Oberstock), der an der Fronte auf zierlich profilirten Tragbalken etwas über die Hauptmauer vorspringt, selbst aber wieder vom flachen Holzdach überragt wird, das auch über die Seitenwände vorschießt. Dieser niedere Raum dient als Kornboden.

Der Unterstock ist an solchen Häusern manchmal gemauert, jedenfalls aber verputzt. Stall und Tenne sind in einem Nebengebäude angebracht, mit hohem Dache, dessen Giebel nicht ungern zurückgelegt werden. Die Innenthore sind überhöht und an den Flanken reicht die Strohdachung tief herab.

Meist diagonal gegenüber der Wohnecke steht der Ofen mit Sitzbank und Ofenstangen zum Trocknen, nicht weit davon entfernt sind der Kochherd und die Kuchl.

Solche Holzdächer sind wohl auch geschindelt, wie im »Bisthum«. Bei allen besseren Höfen stehen unfern derselben, oft in das Gevierte miteingeschlossen, die Zuhäuseln, gewöhnlich im schlimmsten baulichen Zustande.

Im obern Walde bestehen die Dorfschaften am Ufer und an den Vorhügeln meistens aus Gehöften von zwei Firsten, einem Wohnbau mit Stall und einem Stadel, aber auch aus einer ebenso großen Anzahl Kleinhäuser und schlechter Hütten. Die Bauart derselben ist die gewöhnliche der Waldbezirke. Hier sind die Hauptmauern häufig Bruchstein, wohl auch Ziegel mit Lehmputz und Kalktünche. Größere Gehöfte aus drei bis vier Gebäuden mit Thor und Zaun abgeschlossen kommen weniger

Die älteste Eindeckung der Holzhäuser erfolgte mit Stroh, dann mit Holzschindeln und erst seit dem letzten Jahrhundert mit Ziegeln. Das Walmdach ist nicht nur für den Schwarzwald typisch, sondern war früher auch im Bayerischen Wald und im Böhmerwald üblich, wie die Flügel-Zeichnung zeigt.

vor. Auf den waldreichen Höhen hat sich auch die ächte, älteste Bauart des Vorwaldes noch erhalten, nämlich das vollständig aus Holz gezimmerte Haus im gebirgischen Style. Auf einem Unterbau von Hausteinen, der gewöhnlich einen Keller enthält, steht das aus behauenen Balken gestrickte Haus, bald einen, bald zwei Stockwerke hoch, mit einer Gallerie im Giebel im erstern Falle, im letztern manchmal am Oberstocke, die Fenster meist ins Breite angelegt, die Gemächer nicht sehr hoch. Auf dem Bau ruht ein flaches, steinbeschwertes Schindeldach mit großem Vorsprung ohne gekreuzte Stirnflecken. Das Strickwerk ist bei manchen mit Schindeln bekleidet, bei andern frei. Im Innern sind vertäfelte Stuben und Kammern fast seltener, als mit Lehm bekleidete und verweißte. Auf größeren Bauten bemerkt man, bei Einzelhöfen zumal, das offne Thürmchen mit der »Mayer-Glocke«.

Hannes Burger

Meine Großmutter und ihr Sachl

Kindheits-Erinnerungen an ein Waldlerhaus

Man merkt, daß man langsam alt wird, wenn man anfängt, in Kindheitserinnerungen zu schwelgen, sentimental zu werden oder wie man auf neudeutsch sagt: in Nostalgie zu machen. Solange man noch zu den Jungen gehört, schüttelt man meist seine Vergangenheit ab wie den Schnee vom vergangenen Jahr und stürmt mit seinen Gedanken nach vorwärts, um die Welt zu verbessern und die eigene Zukunft nach seinen Ideen zu gestalten. Aber kaum geht es auf die Fünfziger zu und man weiß, daß man bereits mitten in der zweiten Halbzeit spielt, da wenden sich plötzlich die Gedanken immer öfter nach rückwärts, die Erinnerungen werden wieder viel klarer und man fängt an, sich nicht nur für Geschichte im allgemeinen, sondern auch mehr für die eigene Herkunft im besonderen zu interessieren. Und man versteht auf einmal etwas, worüber man sich in seiner Jugend immer gewundert hat: nämlich warum die älteren Leute so viel von früher erzählen und so viel darüber wissen wollen.
Wenn ich zum Beispiel in meiner Jugendzeit auf jene Kinderjahre zu sprechen gekommen bin, in denen ich als Münchner Stadtkind den Bombennächten entfloh und bei der Großmutter im Bayerischen Wald evakuiert war, dann waren das eher Stories voller Kuriositäten, staunenerregende Schauergeschichten über die primitive Lebensweise in dieser zivilisationsfremden Welt bayerwäldlerischen Landlebens während der Kriegsjahre. Wenn ich mich dagegen heute an diese Zeit im Bayerischen Wald erinnere, dann tauchen zwar dieselben Sachverhalte und Geschichten wieder im Gedächtnis auf, aber sie kommen mir vor wie Bilder, die jahrzehntelang falsch gehängt waren, die nun in anderem Licht erscheinen und dabei immer schöner und lebendiger werden. Es ist sicher richtig: je weniger Zukunft man noch vor sich hat, desto prächtiger beginnt die Vergangenheit zu erstrahlen und sich allmählich zur heilen Welt zu verklären.
Häuser verbinden im Leben ihrer Bewohner Vergangenheit und Zukunft. Sie werden – wenigstens in unseren Breitengraden – noch nicht für den Wegwerf-Konsum gebaut, sondern für Generationen, auch wenn diese heute meist nicht mehr gleichzeitig darin wohnen wie früher. Wenn also Häuser ein Lebensraum sein sollen, in dem sich Junge wie Alte wohlfühlen können, so dürfen sie erst recht nicht aus kurzatmiger Tagesmode heraus gebaut werden. Sie sollten doch irgendetwas zeitlos Gültiges

Von Obstbäumen, Hollerstauden und Ziersträuchern umwuchert, scheint ein altes Waldlerhaus geradezu aus dem Boden herauszuwachsen. Der hölzerne Schrot war früher nicht als Balkon zum Sonnen gedacht, sondern vor allem als zusätzlicher Wetterschutz zwischen Dachvorsprung und Fensterwand.

haben. Aber was ist das bloß? Ist es die Architektur, ist es der Komfort oder ist es die Atmosphäre, die Geborgenheit, die für alle Generationen „Heimat" im engeren Sinne ausstrahlt?

Wenn ich versuchen will, es am eigenen erlebten Beispiel zu ergründen und darzustellen, so komme ich zu der paradoxen Feststellung: Ich habe schon in vielen Häusern gewohnt, aber nie mehr so primitiv wie damals im Bayerischen Wald; aber ich habe mich gleichzeitig auch nirgends wieder so wohl gefühlt wie im alten Waldlerhäusl der Großmutter in Haselbach bei Passau!

Meine Großmutter väterlicherseits stammte aus dem Bayerischen Wald, hatte nach München geheiratet und war nach dem frühen Tod meines Großvaters in den schweren Zwanzigerjahren wieder in ihre Waldheimat zurückgekehrt. Dort hoffte sie, sich mit ihren drei Kindern als Weißnäherin, Störnäherin und Flickschneiderin durchzuschlagen. Sie heiratete dann nochmals, einen Schneider namens Pritzl, der aber auch nicht sehr lange lebte. Jedenfalls als ich sie als Enkel erstmals bewußt wahrnahm, lebte sie schon allein im „Schneiderhäusl". Sie hieß unter Freunden auch nur die Schneider-Nanni und für den Rest des Dorfes einfach „d'Schneiderin". Man kann sich leicht vor-

Zum schlichten Haus paßt am besten der schlichte Lattenzaun.

stellen, wie „reich" sie war und wie groß ihr Sachl. Als Flüchtling hätte ich dieses ihr Anwesen nach dem Krieg vielleicht auch beim Lastenausgleich als „scheenes Rittergütl" ausgegeben. Aber hierzulande ist es nachprüfbar und darum läßt es sich nicht leugnen: das Schneiderhäusl war eine armselige „Hiaba" (Hütten ist zu wenig und Haus ist schon zuviel). Es handelte sich um einen nur ebenerdigen Einfirsthof: rechts von der Fletz – im Südosten – die Wohnräume, links davon der Stall und dahinter in nordwestlicher Richtung der Stadel. Alles „aus Hoiz und aus Stoa".

Die „umfangreichen" Stallungen unseres „Sachl" boten Platz für zwei Kühe (wir hatten aber immer nur eine und gelegentlich ein Kalb), ferner für zwei Schweinderl, ein Dutzend Hühner, ein halbes Dutzend Enten und drei bis vier Hasen. Beim Barfußlaufen auf den Wiesen rund ums Haus hat es uns an glückbringendem „Hennadreeg" und an „Antendreeg" nie gefehlt, vor allem unser Sandhaufen wurde von den Hühnern im Sommer zum Einbuddeln sehr geschätzt. Vor dem Stall waren der Misthaufen und die Odelgrube und darüber das „Häusl" mit dem Herzerl in der Tür. Wer auf's Häusl wollte, mußte von der Haustüre heraus und in weitem Bogen um den Misthaufen herumgehen, was in der Nacht und bei Regen oder Schnee mit einigen Abenteuern verbunden war.

Die Fletz und der Kuhstall waren noch gepflastert mit großen Steinplatten, im Stadel aber stand man direkt auf dem Erdboden. Wenn es hereinregnete, weil gelegentlich ein Dachziegel undicht war, wurde der Stadelboden so glatt, daß man mit den Holzschuhen darauf schlittschuhlaufen hätte können. Meist aber hat es einen ohne kunstvolle Pirouetten nur schlicht auf den Hintern gesetzt. So ein Stadel war ein herrlicher Abenteuer-Spielplatz! Überall offene Balken, wo man Nägel reinhauen oder Seile befestigen konnte. Leitern führten zum Heuboden, von dem wir dann zusammen mit den Nachbarskindern auf dem Hosenboden wieder herunterrutschten, bis die Großmutter uns erwischte und fürchterlich zusammenstauchte, weil wir das ganze Heu herunterfegten.

Andererseits, wenn wir die Leitern hochzogen, uns oben im Heu Höhlen bauten und dann ganz ruhig mit den Nachbarsmädchen „Vater und Mutter" spielten, war die Großmutter auch wieder recht beunruhigt. Anscheinend mußte sie aus ihrer Erinnerung mit solchen Spielen im Heu weitergehende Vorstellungen verbunden haben als wir, die wir noch nicht alle Möglichkeiten zwischenmenschlicher Beziehungen kannten.

Umgekehrt kann man sich heute zurückblickend nur schwer vorstellen, daß auf den stacheligen Strohsäcken in den alten knarrenden Holzbetten so etwas wie Erotik oder Liebesspiel stattgefunden haben soll. Aber offenbar fanden die erwachsenen Nachbarn es so kitzlig und angenehm erregend wie indische Fakire, jedenfalls war die familienpolitische Wirkung bei allen eine ungeheure. Für uns Kinder dagegen war es doch immer recht geheimnisvoll, wenn wir im Halbdunkel im Bett lagen. Natürlich gab es keine Nachttischlampen, sondern in gebührender Sicherheits-Entfernung flackerte eine kleine Karbid- oder Ölfunsel, deren bewegliches Licht recht gespenstische Vorgänge an die weiß gekalkten Wände und die Decke projizierte. Bei jeder Bewegung raschelte auch noch das Stroh, und im Winter war es manchmal so kalt in der Kammer, daß man beim Ausatmen noch seinen eigenen Hauch sehen konnte. Jedenfalls gab es Gründe genug, sich tief in den Strohsack zu wühlen und das dicke Federplumeau fest über die Ohren zu ziehen. Dann aber lag man sicher und warm verschanzt wie in einer Burg und keine Geister konnten einem etwas anhaben.

Gefährlich wurde es nur, wenn die Lampe schon gelöscht war und man mitten in der Nacht allein aufs Nachthaferl gehen mußte. Manchmal ist man halt dann doch sicherheitshalber gleich drinnen austreten gegangen und die Großmutter mußte am nächsten Tag das Stroh wieder austauschen. Aber die Angst ist in der Nacht eben oft stärker als die Blase, und so ruhig kann die Gegend gar nicht sein, daß so ein altes Bauernhaus und sein Umfeld nicht voller hörbarem nächtlichen Leben wäre. Ob Wind oder Vögel, liebestolle Katzen oder ein heulender Hofhund, knarrende Balken oder plätschernder Regen, eine schlaftrunken muhende Kuh oder das überraschende Knacken eines noch ausglühenden Scheites im Herd – das Haus auf dem Land ist voller eigentümlicher Geräusche, auch ohne städtische Lärmbelästigung.

Aber nicht minder stark sind die Erinnerungen an die Gerüche in Großmutters Haus. Es roch einmalig frisch nach bevorstehendem Sonntag, wenn die breiten Bretter des Fußbodens in der Stube gründlich gescheuert worden sind. Es duftete herrlich, wenn im Sommer die Sonne am Holzstoß vor der Hauswand anstand – noch dazu, wenn dort gerade Schwammerl getrocknet wurden. Und es duftete ebenso herrlich im Winter, wenn sich der Rauch des Holzfeuers mit dem Dampf des Kartoffelhafens oder dem Qualm des Schmalzes in der eisernen Pfanne mischte.

Es roch nach Frühling, wenn erstmals ums Haus die Wiesen gemäht wurden, und es roch nach Herbst, wenn die Schwaden der Kartoffelfeuer von den Feldern der Nachbarn durch die kleinen Fenster drangen und die Wiesen ums Haus geodelt wurden. Und das ganze Jahr hindurch erfreute einen zweimal im Monat der frische Brotgeruch, wenn die Großmutter große Laibe gebacken hat – und für ihren Enkel noch ein paar kleine Zelten. Ganz zu schweigen von dem überall geschätzten Duft von Bratäpfeln, heißen Maroni und Weihnachtsplätzchen (waldlerisch: Leckerl), der aber halt in so einem Holzhaus gleich noch herrlicher ist, weil er viel länger anhält.

Das Leben bei der Großmutter in Haselbach spielte sich im Sommer mehr außen ums Haus herum ab und im Stadel, allenfalls noch auf dem Dachboden, wo man gelegentlich nachsehen mußte, ob die Kletzen und die Dörrzwetschgen schon ausreichend verhutzelt waren. Oft war man auch weiter vom Haus weg bei der Direkternte auf den Obstbäumen, beim Kühehüten und beim „Wurmwassern" mit der Angel am Bach, auf den Feldern oder im Wald.

Aber wenn ein Gewitter aufzog, dann rannten wir heim und das schützende Haus zog uns an wie ein Magnet. Unter dem Dachvorschuß angekommen und schon halb in Sicherheit, warfen wir noch einen Blick zurück auf das drohende Grauen in den schwarzblauen Wolken. Aber dann nichts wie rein, die schwere Hautüre zu und den eisernen Riegel vor: „Ätsch, Herr Blitz, daheim is der Fritz!"

Jetzt mochte es donnern und blitzen, uns konnte nichts mehr passieren, weil wir zusammengekuschelt im Herrgottswinkel saßen, wo die schwarze Wetterkerze aus Altötting brannte, die mit ihrer unheimlichen magischen Kraft das Haus natürlich in unseren Augen viel besser schützte als jeder Blitzableiter.

Wenn man aber an einem schönen Sommerabend beim Gebetläuten heimstrolchte und aus jedem Haus die Klänge der Denglhämmer sich zu einem vieltonigen Orchester vereinten, dann lag das Haus, dem man zustrebte, inmitten einer so friedlichen Welt, daß man erst wieder an die Kriegszeit erinnert wurde, als man den Vater im fernen Rußland ins Abendgebet einschloß.

Im Winter verlagerte sich das Leben fast völlig auf die Stube. Sie war nieder, hatte kleine Fenster, und ohne elektrisches Licht war es um vier Uhr nachmittags so gut wie finstere Nacht. Wenn man da naß und durchgefroren vom Schlittenfahren, von mühseligen Skifahrversuchen oder vom Schneeburgbauen heimkehrte, dann tat es gut, wenn man nicht nur seine Klamotten, sondern auch sich selbst am wummernden Holzfeuer des Herdes trocknen und aufwärmen konnte. Da ›hörte‹ man direkt noch, wie es einem warm wurde. Das Wasser im Grand surrte und zischte, der Teekessel stand über den ausgehängten Ofenringen und es begann ein langer Abend, der trotzdem früh endete, denn spätestens um 9 Uhr waren normalerweise alle im Bett.

Auch wenn jeder etwas anderes tat – die ganze Familie hockte in der Stube um den großen Ecktisch beisammen, und da mochte der Wachelwind draußen noch so toben oder die Kälte unter klarem Sternenhimmel so anziehen, daß man fast meinte, die Schneedecke draußen knirschen zu hören, man fühlte sich trotzdem warm und geborgen, sicher und daheim. Je feindseliger die Welt und je gewalttätiger die Naturereignisse draußen zu toben schienen, desto mehr wurde so ein kleines Haus zu einer zweiten Mutter, in deren schützenden Schoß man – im Gegensatz zur ersten Mutter – immer wieder hineinkriechen und sich wohlfühlen kann. Das alte Haus der Großmutter sprach alle Sinne an und wirkte aufs Gemüt.

Jedesmal wenn ich heute bei einer Wanderung im Bayerischen Wald noch an einem der letzten bewohnten alten Häuser vorbeikomme, den nach geselchtem Fleisch duftenden Rauch von Holzheizung rieche und durch die kleinen niederen Fenster schaue, dann werden meine Kindheitserinnerungen wach. Aber wenn ich dann schwärmerisch sage: »Mei, is des schee – wia damals bei der Großmutter in Haselbach!«, dann kommt oft eine kritische Gegenfrage von einheimischen Begleitern: »Aber mechst heit no selber drin wohna? Net amal an längern Urlaub tätst drin aushalten, geschweige denn 's ganze Jahr drin leben!«

Man muß sich bei aller Begeisterung für die Schönheit alter Häuser und bei aller nostalgischen Erinnerung an die Geborgenheit und Behaglichkeit, die man darin erlebt hat, doch davor hüten, zum Heuchler oder Zyniker zu werden. Ein Heuchler wäre man, wenn man so tun würde, als könne man ohne weiteres wieder so leben wie in der »guten alten Zeit«: ohne Zentralheizung, ohne Strom und

Ein Bild aus der alten Zeit (Lallinger Winkel): ein ungeteerter Weg mit Bruchsteinen an der Böschung, ein Haus aus »Hoiz und Stoa« mit dem »Hoiz vor der Hüttn«, das zweimal wärmt – einmal an der Hauswand und einmal im Ofen.

ohne elektrisches Licht; statt einfach den Hahn für fließendes Kalt- und Warmwasser aufzudrehen wieder mit dem Eimer vor's Haus gehen und sich das Wasser aus dem Brunnen pumpen oder gar aus dem Grundwasserloch im winzigen Keller, der außerdem den Kühlschrank ersetzen müßte; statt Bad und WC wieder auf Häusl über der Odelgrube gehen und in der Stube im Schaffel baden. Sicher könnte man im Katastrophenfall auch heute wieder so leben, aber ohne Not und freiwillig würde wohl kaum jemand auf den heute üblichen Komfort verzichten.

Ein Zyniker aber wäre man, wenn man von anderen Leuten verlangen würde, daß sie auf dem Lebensstandard wie vor 50 Jahren stehenbleiben, nur weil unsereiner als Urlauber im Vorbeispazieren so gern die reizende Primitivität und die Romantik der Armseligkeit bewundern möchte, ohne sich ihr selber auszusetzen. Verständlicherweise mag niemand leben wie ein Museumsbewohner, nur damit andere Bilder aus einer versunkenen Zeit fotografieren können. Aber es geht ja eben in diesem Buch auch darum, durch konkrete Beispiele aufzeigen, daß die Alternative garnicht lauten muß: entweder in Großmutters technischer Rückständigkeit leben oder alles Alte mit Stumpf und Stiel wegputzen.

Die Kunst des Bauens in der Landschaft des Bayerischen Waldes müßte doch heute darin bestehen, sowohl bei der Erhaltung der alten als auch bei der Gestaltung der neuen Häuser das Wesentliche von früher und heute zu vereinen: die schlichte Schönheit des Alten »aus Hoiz und aus Stoa« und die technischen Möglichkeiten mit neuen Baumaterialien – von der Stahlbetondecke über die Glaswoll-Isolierung bis zur Fußbodenheizung. Zu vereinen gilt es ferner den modernen Komfort und hygienischen Anspruch von heute mit der Behaglichkeit und der warmherzigen Atmosphäre von früher – also die Vergangenheit mit der Zukunft. Darum ist meiner Meinung nach landschaftsgebundenes Bauen nicht nur eine fachliche Frage von Stil und Geschmack, von Architektur, Material und handwerklichen Fertigkeiten. Es ist vielmehr auch eine Frage der bodenständigen, sinnenfreudigen Lebenskunst: nämlich wieder ein Gefühl dafür zu entwickeln, daß nicht nur der Mensch im Haus lebt, sondern auch das Haus mit dem Menschen mitlebt – quasi als seine zweite Haut. Wie das von meiner Großmutter in Haselbach.

Ein alleinstehendes Bauernhaus am Waldrand sieht sehr romantisch aus und ist der Traum vieler Städter. Aber angesichts der heutigen Ansprüche an Komfort, Versorgungs-Technik und Verkehrsanbindung wird eine neue Zersiedelung der Landschaft aus gutem Grund eingedämmt.

Koni Gruber

Die alte Bauweise ist kein Modegag

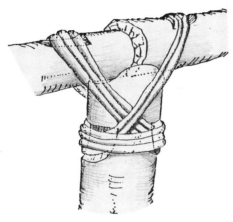

Im alten Rofen-Pfostenbau wurde die einfachste Aufbindung – mit oder ohne Kerbung – angewandt. Holzverbindungen aller Art waren überflüssig.

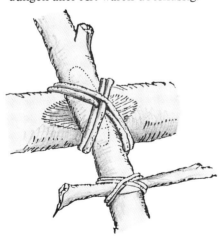

Heutzutage rasen Innenarchitekten aus den Großstädten übers Land und kaufen hier ein verfallenes Haus, da einen abbruchreifen Stall und dort einen Stadel auf. Alles noch halbwegs brauchbare Material wird abgebaut und mitgenommen, der Rest kommt in die Müllgrube. Dann werden plötzlich teure Schlemmerlokale für die Schickeria mit ganzen Scheunentoren in verwittertem Silbergrau ausgetäfelt, in elegante neue Villen werden alte rissige Balken eingezogen und anderswo werden alte Stallgewölbe samt steinernen Sauftrögen wieder zu kompletten Weinkellern zusammengebaut. Kein Zweifel: in der feinen Welt der Nobel-Bayern und Trachtenpreußen ist altes Holz und altes Gestein heute unheimlich schick.

Aber solche Modetorheiten sind genauso kurzlebig wie vorangegangene Kinkerlitzchen des Geldadels, zum Beispiel als man nach der Entrümpelung überladener Kirchen unbedingt in seinem Bungalow einen Beichtstuhl oder ein Sakramentshäuschen als barocke Hausbar und einen säkularisierten Apostel als gotischen Regenschirmständer haben mußte. Die derzeitige Altholz-Mode, die in der übernächsten Saison wieder umdekoriert wird, ist aber nicht das, was ich meine, wenn ich für eine Rückbesinnung auf die alte Bauweise eintrete. Im Gegenteil! Die Ehrfurcht vor den soliden und schönen alten Häusern, der Respekt vor dem Geschmack und der handwerklichen Fertigkeit unserer Vorfahren sollte uns eher davor bewahren, den alten Baustil bloß zum kurzlebigen Modegag verkümmern zu lassen.

Nein. Was ich meine, ist etwas anderes. Zum einen sollen wir uns bewußt machen, daß an dieser überlieferten Bauweise doch etwas mehr dran sein muß als nur bayerische Beharrlichkeit und ein bäuerliches Traditions-Bewußtsein. Sonst hätte sich das Wesentliche dieser Bauweise nicht über Jahrtausende gehalten. Und zum anderen sollen wir davon lernen und – auch wenn wir etwas abwandeln – wenigstens wissen, warum sie so gebaut haben, was sie sich dabei gedacht haben. Damit wir bei Neuerungen nicht wieder in alte Fehler zurückverfallen und erst aus diesen wieder lernen müssen, was die Alten schon vor Jahrhunderten gewußt haben. Es ist eben gerade in einer Mittelgebirgslandschaft wie der unseren mit dem rauhen Klima der Grenzgebirge nicht eine Frage der Baumode oder einer Architekten-Idee, wie weit ein Dach vorsteht oder in welche Himmelsrichtung ein Haus gedreht ist. Wer die Lehre der Alten nicht annimmt, für den werden Regen, Schnee, Kälte und Heizkosten zu Lehrmeistern.

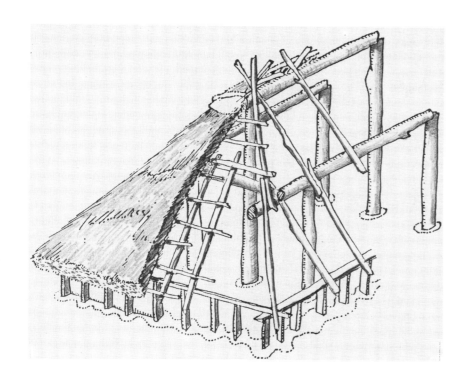 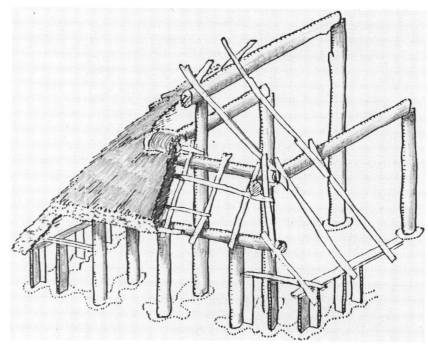

An der Grundstruktur des Hausbaus hat sich eigentlich bei uns seit der Jungsteinzeit nichts Wesentliches geändert. Schon in der Zeit der älteren Linearbandkeramik (ca. 3500 v. Chr.) gab es den Rofenpfostenbau. Die Häuser waren mit Stroh oder Rohr mindestens 20 cm stark gedeckt. Manchmal wurden unter die Stroheindeckung auch Rindenplatten gelegt. Die Dachlattung bestand aus Strauchstämmen oder Latten, die man irgendwo im Unterholz fand. Für Rofen verwendete man einigermaßen gerade Hölzer aus der Umgebung. Auch Firstpfette, Mittelpfette und Fußpfette aus möglichst geradstämmigen Hölzern hat es damals schon gegeben, wenn auch nicht gesägt oder behauen. Die Menschen hatten zwar bereits Steinbeile. Aber selbst wenn sie nur den Baum fällen und geringfügig herrichten mußten, daß die Auflagestellen gerade waren, dann war das für die damaligen Werkzeuge schon eine große Leistung. Natürlich kannten sie die Verzapfungen des Holzes und die Verbindung mit Hilfe von Eisen, Bandeisen, Schrauben, Erkerbügeln usw. nicht. Sie mußten auf ganz einfache Art und Weise versuchen, eine gewisse Stabilität des Hauses zu erreichen, sodaß es die Wind- und Kipplasten in jeder Richtung aushalten konnte. Das geschah durch Eingraben von starken Pfosten in das Erdreich (mindestens 1 Meter tief). Dieses Stützen sollten einen großen Durchmesser und wenn möglich oben eine Gabelung zur Auflage der Pfetten haben.

Im Nordwesten, an der Wetterseite, wurde das volle Walmdach immer tief nach unten gezogen (linkes Bild). Beim Hauseingang an der Südost-Giebelseite ließ man dagegen den Walm etwas höher enden – so entstand der Krüppelwalm. An dieser schematischen Zeichnung von Wolf Meyer-Christian ist die Grundstruktur der Rofen-Pfosten-Konstruktion gut erkennbar: in die Erde getriebene Pfosten von unten nach oben, der Länge nach darüber die Fußpfette, die Mittelpfette und die Firstpfette. Schräg über die Pfetten sind die Rofen aufgebunden, auf denen die Dachlatten befestigt sind.

Die alte handwerkliche Holzbauweise schafft viele Blickpunkte, die selbst mit schlichten Verzierungen als künstlerische Gestaltung wirken. Die Pfettenunterseite war zum Beispiel früher meist bemalt und zwar in den Farben schwarz, weiß, rot.

Diese altherkömmliche Bauweise, die man heute vielleicht als sehr primitiv ansieht, wird jedoch seit längerer Zeit auch bei uns wieder angewandt und zwar bei den Stahlbeton- und Skelettbauten. Diese bekommen auch ein Betonfundament im Erdreich, darin sitzt die Fertigstahlbetonstütze, darauf liegen dann die Binder und auf diesen die Stahlbetonpfetten.

Die Rofenpfostenstruktur erlaubte auch einen Walmvorbau. Hierbei ließ man die Mittelpfetten am Ende überschießen und legte auf ihre auskragenden Enden eine Querpfette auf. Die Auskragungen der Längspfetten erlaubten auch, außerhalb der Verwahrung noch Rofen aufzubinden. Somit ergab sich schon damals ein Dachüberstand (Dachvorschuß), der Schutz vor Regen und Schnee bot. Zur Einfachheit des Rofendaches gehörte, daß Holzverbindungen jeder Art überflüssig waren, ausgenommen die einfachste Aufbindung (mit oder ohne Kerbung) mit Schlinggewächsen oder primitiven Seilen. Auch in Japan war dies der Anfang des Hausbaus.

Allein die Beispiele von den in unserer Frühgeschichte geschaffenen Töpfereien lassen erkennen, daß die Erfinder unserer Baukultur nicht einfach nur mit Lendenschurz und Bärenfell behangene „Wilde" waren, sondern Menschen, die sehr viel Gefühl für Form und Schönheit entwickelten. Mit einfachsten Mitteln (zum Beispiel mit einem kleinen Stecken) wurden schlichte Ornamente in den frischen Lehm gekratzt. Aber wie zweckmäßig und formschön sieht so ein Gefäß aus! Man sollte auch heute in

Richtig gelagert und richtig bearbeitet ist der Baustoff Holz nicht nur ideal dem Klima angepaßt. Holz wird auch mit zunehmendem Alter immer schöner. Fast wie ein alter Mensch bekommt es Falten und eine spröde »Haut«, aber es scheint durch seine rissigen Poren zu atmen und wirkt dadurch lebendig.

Töpfereien aus der Frühgeschichte lassen erkennen, daß die Erfinder unserer traditionellen Baukultur keineswegs primitive »Wilde« waren. Auch der Bronzeschöpfer (unten) zeigt die manuelle Fertigkeit und das Formgefühl unserer ältesten Vorfahren.

der Formgebung wieder viel schlichter und einfacher werden. Wahrscheinlich konnte man das damals nur deshalb so vollendet schaffen, weil alle diese Menschen sich ja manuell betätigten. Jeder mußte sich das, was er brauchte, mit der Hand selber machen. So wirkte alles gegenseitig aufeinander ein: die geistige Vorstellung vom gewünschten Gegenstand, die formende Hand und das zu gestaltende Material.

Damals gab es auch keine hochqualifizierten Handwerker mit Spezialausbildung im heutigen Sinne, sondern da mußte und konnte sich jeder noch selber helfen, z. B. beim Bau oder der Reparatur seines eigenen Hauses. Und das mußte dann auf einfache Art und Weise auch funktionieren. Die Menschen sollten auch heutzutage wieder wesentlich mehr selber mit der Hand machen, basteln oder sich handwerklich betätigen, dann würden sie sehr bald feststellen, was möglich ist und was nicht. Dann würde sich vielleicht bei vielen das verkümmerte Gespür für Formen, Farben und Materialien wieder regenerieren lassen.

Die Leute wußten früher auch schon ganz genau, warum sie die Häuser so und nicht beliebig anders in die Landschaft stellen müssen. Da das schlechte Wetter vom Nordwesten kommt, drehte man die länglichen Häuser mit der breiten Seite Südwesten zu, also der Nachmittags- und Abendsonne, und stellte den rückwärtigen schmalen Giebel, der praktisch wie ein Walm bis herunter reichte, zur Wetterseite nach Nordwesten, damit möglichst wenig Angriffsfläche vorhanden war. Der Eingang lag meist im Südosten an der vorderen Giebelseite. Dort wurde der Walm etwas hochgezogen, damit man aufrecht aus- und eingehen konnte. Und damit war der erste Krüppelwalm entstanden.

Man denkt bei einem Krüppelwalm immer sofort an den Schwarzwald. Aber auch bei uns im Bayerischen Wald hatten früher, wie man an den ganz alten Gebäuden sieht, die meisten Häuser einen Krüppelwalm oder die etwas „gehobeneren" Ganzziegelhäuser in den Ortschaften den sogenannten Schopfwalm. Da war oben nur ein wenig der First gebrochen. Da die größeren Häuser bis zu 40 Meter lang waren, brauchte man auch noch seitliche Eingänge, weil sonst die Wege zu weit wurden. Zur Vermeidung von Durchzug waren sie nur an einer Seite angeordnet. Sie lagen entweder nach Südwesten oder nach Nordosten. Nach Nordosten zu wurden sie aber dann mit einer Art Quergiebel überdacht.

In der Hallstatt-Kultur (ca. 500 v. Chr.) hat sich dann die Holzbauweise entwickelt in der Art von Blockhäusern, wie sie sich dann später auch die Trapper in Amerika und Kanada mit dem Beil gezimmert haben. Auch heute noch baut man Jagdhütten, Gartenhäuschen, Saunahäuschen usw. in dieser Bauweise. Früher hat jeder Bauer gewußt, wie er sich eine solche Hütte aufstellen muß. In der Hallstatt-Kultur wurden die Häuser mit Rundhölzern gebaut, die verbliebenen Ritzen mit trockenem Moos ausgestopft und vielleicht auch noch ein bißchen mit Lehm verschmiert. Die sparsamere Holzbauweise mit eckigen Bohlen wurde erst möglich durch Holzsägen, Fräsen und anderes modernes Werkzeug.

Die Römer haben dann vor ca. 2000 Jahren während ihrer rund 200jährigen Besatzung bei uns in

Dank der alten Stilelemente wirkt auch dieses hierher versetzte Bauernhaus völlig landschaftsgetreu.

Bayern die Steinbauweise eingeführt. Aber als die Römer wieder weg waren, kehrten unsere Vorfahren zur bewährten traditionellen Holzbauweise zurück, wie sie im übrigen auch die Slawen in unserer östlichen Nachbarschaft pflegten, die teilweise mit noch härteren klimatischen Bedingungen fertigwerden mußten. Während sich in den bayerischen Städten schon relativ früh die Steinbauten durchsetzten, hatte beispielsweise Moskau bis in die 30er-Jahre dieses Jahrhunderts noch 70 Prozent Holzhäuser. Das kann man sich heute angesichts einer gigantischen Betonwüste für fast 8 Millionen Menschen kaum mehr vorstellen. Aber das Holz war und ist eben einer der schönsten, vielseitigsten und klimatisch anpassungsfähigsten Baustoffe. Vorausgesetzt, daß man richtig damit umgehen kann – vom Fällen über die Lagerung bis zur Bearbeitung. Wie lebendig wirkt Holz, wenn man es anfaßt! Man hat manchmal fast den Eindruck, es beginnt sich zu rühren, sich an die Hand anzuschmiegen. Und wie schön wird Holz, wenn es altert!

Die im ländlichen Bereich Bayerns praktisch bis nach dem II. Weltkrieg vorherrschende Mischform beim Hausbau – unten Steinmauern und oben Holz – ist zunächst daraus entstanden, daß die Holzhäuser zuerst von unten her feucht wurden und zu faulen begannen. Da hat man die Balken abgestützt, das Holz unten herausgeschnitten und mit Steinen hochgemauert. Und damit die Wohnräume innen nicht noch kleiner wurden, hat man die Steinmauer, die ja dicker war als die Holzwand, eben nach vorne herausstehen lassen. Nicht weil ein Architekt die Idee hatte, daß ein Mauervorsprung im Erdgeschoß besonders schick wäre!

Später haben dann immer mehr Bauern, vor allem an etwas größeren Höfen, schon beim Neubau die Wohn- und Stallgebäude wenigstens im Erdgeschoß hochgemauert und erst oben mit Holz weitergebaut. Wie die Häuser im letzten Jahrhundert noch hier im Bayerischen Wald ausgeschaut haben, das hat uns bereits Felix Dahn geschildert.

Prof. Clemens Weber

Ehrenpreise des Bayerischen Wald-Vereins

Über die Qualität der bodenständigen Häuser

Obwohl der Bayerische Wald-Verein seit 1974 Ehrenpreise für landschaftsgebundenes Bauen an Bauherren verleiht, gibt es dafür noch keine satzungsmäßig niedergelegten schriftlichen Kriterien. Diese finden sich gewissermaßen nur in »persönlicher Überlieferung«, nämlich in den Reden und Aufsätzen von Architekt Professor Clemens Weber, dem Sprecher der Gutachter-Kommission. Prof. Weber hielt jeweils die Laudatio auf den prämierten Neubau und begründete darin das Urteil der Kommission. Um alle Interessenten und eventuellen Bewerber um diesen Ehrenpreis über die inoffiziellen Kriterien des Bayerischen Wald-Vereins zu informieren, werden im folgenden – mit freundlicher Erlaubnis des Autors – Auszüge aus seinen Reden und aus einem Artikel in der Jubiläumsnummer der Zeitschrift „Der Bayerwald" zitiert:

Der Bayerische Wald-Verein setzt sich seit seiner Gründung vor 100 Jahren begeistert und energisch für die pflegliche Bewahrung der Waldheimat ein, er macht die Förderung ihrer ererbten Bau- und Wohnkultur, ihrer Kunst, Musik und Literatur zu seinem Anliegen. Mit wachsender Sorge hat er die für jedermann sichtbaren baulichen Auswirkungen der ungelenkten Verstädterung, das Ausufern der zentralen Orte in die Landschaft, die überdimensionierten Hotelbauten, die dominierenden Betonbauten der großen Schulen und Kaufhäuser, der Wohnhochhäuser als neue Stadtkronen wahrgenommen.

Der Beschluß des Vereinsvorstandes vom Jahre 1974, alljährlich einen Ehrenpreis für einen in landschaftlich gebundener Bauweise erstellten beispielhaften Neubau zu erteilen und damit sichtbare Anregungen zur Berücksichtigung der bodenständigen Bauweise zu geben, ist von allen Waldfreunden lebhaft begrüßt worden.

Landschaftsgebundenes Bauen im Bayerischen Wald heißt Rücksicht nehmen auf das historische Baugesicht der Städte, Dörfer und Einöden, auf die bodenständige Bauweise und die in der Landschaft heimischen Baustoffe. Eine über Jahrhunderte hinwegreichende unveränderte bodenständige Bauweise hat es wohl auch im Bayerischen Wald nicht gegeben. Schon in früheren Zeiten haben Bauleute Techniken aufgegeben, wenn sie durch die Entwicklung überholt worden sind. So hat sich hier

Das renovierte Haus W. (S. 81) zeigt im Vergleich mit dem Bild (S. 55), daß ein Backofen vielleicht schon wieder zuviel sein kann.

Ein gut erhaltener Bauernhof, der noch in Betrieb ist und schön aussieht, weil er laufend renoviert wurde.

im letzten Jahrhundert auch der Ziegelbau im Bayerischen Wald durchgesetzt und hat den bodenständigen Holzblockbau verdrängt.

Das Bayerische Waldgebiet gehört in seinen wesentlichen Teilen der Hauslandschaft des alpenländischen Flachdachhauses an. Auf die verdienstvollen Forschungen von Rudolf Hoferer, Karl Erdmannsdörfer, Alwin Seifert sowie auf die vielseitigen Arbeiten von Thorsten Gebhard habe ich wiederholt verwiesen. Die überkommene Hausformen-Landschaft wird charakterisiert durch das sogen. Waldler-Haus. Das bodenständige Waldler-Haus kommt in zwei unterschiedlichen Geschossen und Dachformen vor. Das überwiegend heimische flachgeneigte Dach lädt an Giebeln und Traufen weit aus. Es kommt vom Alpengebiet her, herrscht auch im Alpenvorland von Ober- und Niederbayern vor und ist von dort mit der zunehmenden Besiedlung in den Bayerischen Wald vorgedrungen.

Sodann treffen wir – zwar weniger häufig – das mittelsteile Schopfwalmdach an, wohl eine Abwandlung des bajuwarischen Vollwalm-Hauses, verwandt mit benachbarten österreichischen und oberpfälzischen Hausformen.

Im Oberpfälzer Wald überwiegt der glatte bayerische Putzbau mit steilem Dach. Ein Merkmal dieser Haus-Landschaft ist die klare, körperhafte Gedrungenheit, die durch Anbauten, ausladende Gesimse und Vordächer nicht gestört wird.

Auf eine kurze Formel gebracht, kann man die charakteristischen Baumerkmale der Hauslandschaft des Bayerischen Waldes so beschreiben: ruhige Baukörper, weißgekalkte Mauerflächen, flachgeneigte Giebeldächer ohne Dachausbauten, umlaufende Holzbalkone oder Holzaußengänge, im ganzen reichliche Verwendung von Holz in handwerksgerechter Verarbeitung.

Unsere modernen zivilisatorischen Ansprüche an das Wohnen, Arbeiten und Lernen haben zur Folge, daß neue Bauten andere, durchwegs größere Dimensionen erhalten als die bodenständigen, bescheidenen alten Bauernhäuser und Häusler-Anwesen. Wesentliche Merkmale der Haus-Landschaft müssen wir jedoch auch beim heutigen Bauen im Auge behalten, wenn wir das Baugesicht dieser schönen Landschaft nicht gänzlich verändern wollen. Karl Erdmannsdörfer hat sie folgendermaßen umrissen:

1) Ein Wesensmerkmal der überkommenen Haus-Landschaft ist ein klarer und ruhiger Baukörper auf rechteckigem Grundriß, bei dem die Wand dominiert und die Fenstergrößen auf ein erträgliches Maß beschränkt werden.

2) Der Baukörper soll in der Firstrichtung deutlich länger sein als an den Giebelseiten (im Gegensatz zum niederbayerischen Stockhaus, das lange Giebelseiten hat oder zum mittelfränkischen Fachwerkhaus, das auf quadratischem Grundriß basiert).

3) Unmotivierte Hausvorsprünge, aus der Außenwand ausgestanzte Loggien, willkürliche Erkerausbauten, sind in der Haus-Landschaft des Bayerischen Waldes durchaus ortsfremd.

4) Das Schopfwalmdach mit einer mittelsteilen Neigung von etwa 40 Grad ist in der Regel für das kleinere Haus gewählt worden.

5) Da es nicht mehr möglich und zweckmäßig ist, die flachen Dächer mit den früher heimischen Legschindeln einzudecken, kommen für die Eindeckung rote Pfannenziegel und Flachkremper in Betracht und zwar in der roten Naturfarbe, die auf natürliche Weise patiniert. Engobierte Ziegeldächer wirken schwer und tintig. Auch dunkel gefärbte, kleinformatige Asbest-Zement-Schieferplatten kommen in Frage.

6) Glatte Mauerwerksflächen in weißem Kalkputz, handwerksgerecht mit der Kelle oder dem Hobel abgezogen oder rauh verrieben, sind im oberpfälzischen und im niederbayerischen Waldgebiet ebenso heimisch wie werkgerecht behauenes, lagerhaft versetztes Granitmauerwerk.

7) Die Dachüberstände an den Giebeln und Traufen müssen, je nach Form des Baukörpers, wohl überlegt werden. Dachausbauten (Gaupen) sind in unserer Haus-Landschaft nicht bodenständig.

8) Wünschenswert und zweckmäßig ist die Anordnung von Balkonen (Schrothen) mit mittiger Balkonsäule beim ein- und mehrstöckigen Haus als bodenständiges Charakteristikum und als ein typisches Attribut des alten Waldler-Hauses.

9) Der Holzbau, ob Vierkantblockbau oder auch der Bohlenständerbau, könnte bei neuen Bauten wieder mehr zur Anwendung kommen, da die guten Eigenschaften des Holzes für die Wärmedämmung allgemein bekannt geworden sind und eine dauerhafte Imprägnierung der Holzwand gegen Brand und Verwitterung heute möglich ist. Eine unmotivierte Aufteilung der Außenwände in Holzpartien und geputzte Flächen aus rein formalen Gründen ist völlig abwegig. Auch für bestimmte Industriebauten ist die Holzkonstruktion sehr geeignet.

Wer heute diese schöne Landschaft aufsucht, begegnet nur selten Neubauten von der Qualität der alten bodenständigen Häuser. Baukörper unterschiedlichster Größe in der gleichen Straßenzeile, unruhige Dachausbildungen und verschiedenartige Fenstergestaltung sowie unschöne Anbauten stören vielerorts die frühere Einheitlichkeit der Siedlung. Die großen Baukörper der Öffentl. Hand, der Hotelbauten und der zentralen Schulen, setzen gewaltsam ortsfremde Akzente. Sie mindern den Maßstab der alten Ortsbebauung.

Die 1974 vom Verein beschlossene jährliche Verteilung des Ehrenpreises hat sich positiv auf das Baugeschehen ausgewirkt. In den Festversammlungen der Bayerwaldtage 1974 bis 1982 sind die Bauherren und Architekten von folgenden Neu- und Umbauten mit Ehrenpreisen ausgezeichnet worden. Es wurden prämiert: 5 eingeschossige, teils mit Kniestock versehene Waldlerhäuser (Schmalhäuser), 3 zweigeschossige Wohnhäuser (Breithäuser), 1 mehrgeschossiges Mietswohnhaus, 1 vierteilige Hofanlage (Instandsetzung), 1 Hotelumbau und 1 Hotelneubau.

Die Auslobung der von den Sektionen und den Heimatpflegern vorgeschlagenen Neubau- und Umbauobjekte – es sind bis heute rd. 60 Bauten – geschieht durch eine Gutachterkommission, in der

Regierungspräsident Dr. Gottfried Schmid, der an einer guten Bauentwicklung seiner Waldheimat überaus interessierte Präsident des Bayerischen Waldvereins, den Vorsitz führt. Als Gutachter gehören ihr an: Dr. Raimund Schuster, Zwiesel, Dr. Hans Bleibrunner, Landshut, Dr. Reinhard Haller, Zwiesel, sowie die Architekten Gerhard Sandner, Regensburg, und Clemens Weber, München. Der jährlichen Preisentscheidung geht eine Ortsbesichtigung mit anschließender Würdigung voraus.

Zur Vertiefung der Aufklärung der Vereinsmitglieder und darüber hinaus der ganzen Waldbevölkerung über Begriff und Sinn des landschaftsgebundenen Bauens, sind von dem rührigen Kulturreferenten und Herausgeber der Bayerwald-Hefte, Franz Kuchler, inzwischen 13 ehrenamtliche Bauberater bei den einzelnen Sektionen benannt worden. Sie treffen sich jeweils an den Bayerwald-Tagen zur Beratung und lassen ihre fachlichen Vorschläge in der Hauptversammlung vortragen.

Schon nach der ersten Besichtigung 1974 hat sich die Kommission angesichts des schon erwähnten störenden Eindrucks mehrerer überdimensionaler neuer Hotel-Bauten veranlaßt gesehen, einen solchen Hotel-Bau mit dem Ehrenpreis auszuzeichnen, der trotz einer umfangreichen Betten-Kapazität unauffällig in die Bayerwaldlandschaft eingepaßt ist, nämlich das Hotel Dreiburgensee der Eheleute Georg Höltl bei Tittling, eine gediegene Bauanlage, die sich auch heute nach über 10 Jahren sehr gut hält, wie wir Bauleute sagen. Aus den gleichen Überlegungen ist 2 Jahre später im Denkmal-Schutzjahr 1976 das Hotel Bierhütte der Architekten-Eheleute Störzer prämiert worden.

In den folgenden Jahren sind neben mehreren guten Wohnhausneubauten auch Erneuerungen von Waldler-Häusern unter Verwendung alter Holzbauteile ausgezeichnet worden. Der Verein wollte damit allen Waldfreunden vor Augen führen, daß es sich sehr wohl verlohnen kann, altehrwürdige Waldler-Häuser nicht rundweg abzureißen, wie dies leider in einer erschreckenden Zahl in den vergangenen Jahren geschehen ist, sondern sie durch erfahrene Baufachleute unter Erhaltung ihres äußeren Gesichtes so auszubauen, daß sie ohne weiteres auch unseren heutigen zivilisatorischen Ansprüchen genügen können.

Neubauten in landschaftsgebundener Bauweise oder, wie mein Kollege Dr. Helmut Gebhard es treffender formuliert, in landschaftsverbundener Bauweise sollen sich jedoch nach Ansicht aller heutigen Architekten und auch der Denkmalpfleger nicht als reine Kopien alter Bau-Denkmäler darstellen, sondern bei aller gestalterischen Rücksichtnahme auf ihre Umgebung aus den heutigen technischen Möglichkeiten heraus durchgebildet werden. Doch sollen sie erstens unauffällig in die vorhandene Siedlungs-Landschaft eingebunden und zweitens nach den Vorstellungen und Bedürfnissen des Bauherrn funktionsgerecht geplant werden. Dafür geben die klar und einfach ausgelegten Grundrisse und Aufrisse der alten bodenständigen Hauslandschaft – z. B. für die Lage des Hauseingangs, die Anordnung des Fletzes und der Treppe, die Orientierung der Räume zur günstigsten Himmelsrichtung aus Gründen der Besonnung, des Windanfalls und der Schneeverwehung, die zweckmäßige Dachneigung, die erprobten Dachüberstände und die Schrot-Anordnung – das allerbeste Beispiel.

Für den Bau des Hotels Dreiburgensee erhielt das Ehepaar Höltl im Jahre 1973 den ersten Ehrenpreis des Bayerischen Wald-Vereins. 10 Jahre später baute Höltl das nebenstehende Hotel als weiteren Beweis dafür, daß auch von der Funktion her größere Gebäude durchaus in landschaftsverbundener Bauweise errichtet werden können.

Sie sollten drittens in erprobten Baukonstruktionen und Baustoffen ausgeführt werden, wobei der Holzblockbau und der verschalte Holzständerbau verstärkt zur Geltung gelangen können. Schließlich soll viertens die Gestaltung des Gebäudes organisch aus dem Grundriß und der Konstruktion entwickelt werden. Wie gesagt: ohne Mauerauswüchse, ohne Veranden-Einsprünge, ohne Dachausbauten! Aber mit einer einheitlichen, den klimatischen Verhältnissen angepaßten sparsamen Befensterung.

Nachhaltige Anregung über bodenständiges Bauen gibt indes auch das beispielhaft geplante und handwerksgerecht ausgeführte Bauwerk selbst. So berichtet beispielsweise unser verdienter Heimatfreund Reinhard Haller, daß sein 1977 mit dem Ehrenpreis bedachter Wohnhausneubau in Zwiesel in der Folgezeit von zahlreichen Bauinteressenten aufgesucht und in seinen Einzelbauten mit dem Metermaß nachgemessen worden ist. Einige ortsansässige Architekten haben sich begeistert der guten Sache des landschaftsgebundenen Bauens im Waldgebiet angenommen. Genannt seien Konrad Gruber, dessen Waldlerhäuser mehrfach prämiert worden sind, und Kurt Löw aus Zwiesel.

Preise der Bayerischen Landesbausparkasse

Keine gedankenlose Bautätigkeit – aus Liebe zur Heimat

Die Bayerische Landesbausparkasse begann im Jahre 1973 damit, einen jährlichen Architektenwettbewerb für landschaftsgebundenes Bauen auszuschreiben. Bei der Jubiläums-Preisverleihung 1983 auf Schloß Egg hielt Direktor Alfons Müller eine Ansprache, in der er die Gründe für das Engagement der Bausparkasse in dieser Frage begründete. Aus dem Anlaß erläuterte der Kreisheimatpfleger des Landkreises Regen, Dr. Isfried Griebel, als Mitglied der Jury in der Zeitschrift »Schöner Bayerischer Wald« die wesentlichen Kriterien, nach denen Häuser eines Preises für würdig befunden werden – im Sinne eines in die Landschaft eingebundenen Baustils. Wir bringen als Ergänzung und zur Unterstreichung der in diesem Buch vorgetragenen Gedanken von Koni Gruber nachfolgend Auszüge aus beiden Texten:

Nach zehnjährigem Bemühen können wir heute mit Stolz feststellen, daß unsere Anstrengungen nicht umsonst waren, daß der Gedanke des landschaftsgebundenen Bauens von der Bevölkerung aufgenommen worden ist. Gerade die Bauten, die diesmal zur Prämiierung anstanden, beweisen das. Es waren sehr viele Fotos unter den fast 100 Einsendungen, die ausgesprochen gefällig anzuschauen waren. Die Bayerische Landesbausparkasse hat sich von Anfang an als Mitstreiter in dieser Bewegung verstanden. Wir haben uns gerne in die Reihe derjenigen eingeordnet, die das landschaftsgebundene Bauen erreichen wollen. Aus drei Gründen kann es uns nicht gleichgültig sein, wie gebaut wird: Zum einen, weil wir uns mitverantwortlich fühlen für das Baugeschehen in unserem Lande. Zum anderen, weil wir unsere bayerische Heimat genauso lieben wie Sie und wir uns die Schönheiten der Natur und der Landschaft, die uns alle immer wieder erfreuen, bewahren wollen.
Und schließlich auch deshalb, weil wir in den letzten Jahren gesehen haben, daß wir etwas bewirken können. Wir wollen nicht eine gedankenlose Bautätigkeit gutheißen, mit der die bayerische Landschaft mit ihrem unverwechselbaren Charakter der Städte, Dörfer, der Bauernhöfe und Wälder zerstört werden kann. Dem wollen wir entgegenwirken durch die Vermittlung von Informationen und Anregungen. Gemeinsam wollen wir Lösungen aufzeigen, die einerseits den Erfordernissen des modernen Wohnens und Wirtschaftens entsprechen, andererseits in das Orts- und Landschaftsbild eingegliedert sind und historische Bauformen zeitgemäß umsetzen.

Vom Bayerischen Wald aus ging sozusagen ein Initialfunke hinaus ins Land. Mit Unterstützung der Landesbausparkasse haben Gleichgesinnte inzwischen auch im Allgäu, in der Fränkischen Schweiz und im Frankenwald zur Besinnung auf das landschaftsgebundene Bauen aufgerufen. Wir sind überzeugt, daß wir noch in anderen Landesteilen diese Bewegung ins Leben rufen oder fördern können.
KONRAD MÜLLER

Weiler oder alleinstehende Gehöfte mit Haupt- und Nebenbauten sind im Laufe der Jahre so in die Landschaft eingewachsen, wie diese Flügel-Zeichnung zeigt, daß jeder daneben errichtete Neubau das gesamte Ensemble zerstören müßte.

Vor 10 Jahren war das landschaftsbezogene Bauen kein gängiger Begriff. Das Öl war billig, man holte durch großzügig bemessene Fenster den Garten und die Landschaft ins Haus. Heizungskosten spielten keine Rolle. Andere bauten möglichst billig, also auf kleinem Grundriß mit hochstehendem Kellergeschoß eine „Wohnschachtel", darüber ein Dach mit kurzem Überstand. Der umbaute Raum wurde voll genützt. Ein schmaler eingezogener Balkon und eine Eternitverkleidung an der Westseite zeugten vom „Ideenreichtum" des Bauzeichners und von der Verwendung moderner Baustoffe. Einige Jahre später entdeckte man für Wirtshäuser und Pensionen den oberbayerischen Baustil. Prächtige und aufwendige Balkone mit Säulen und Tafelfeldern – meist aus dem Katalog der Baustoff-Firmen, dazu Rundbogen und Glassteine erschienen als das Nonplusultra.
Und heute? Nach der Liberalisierung der Bayerischen Bauordnung, wogegen die Heimatpfleger und Denkmalschützer ebenso nachhaltig wie vergeblich protestierten, aber bei teurer gewordenem Baugeld und hohen Heizkosten, trat eine Tendenzwende beim Bauen ein, das Energiebewußtsein und die Vollisolierung stehen vornan; aber wurden die Bauten deshalb schöner? Die neue Erkermode, dem urbanen Ensemble entnommen, hielt Einzug im ländlichen Baugebiet, von ganzen Baumstämmen mit Aststümpfen als Säulen und freundlichen Rehen als Lüftlmalerei ganz abgesehen.
Hat das landschaftsgebundene Bauen da noch eine Chance? Trotz alledem, die Qualität bodenständiger Häuser gewinnt ständig, das Verständnis der Bauherren nimmt zu. Die von der Bayerischen Landesbausparkasse berufene Jury prämiert jedes Jahr Bauten aus den verschiedensten Lebens-

bereichen: etwa ein altes Waldlerhaus, einen landwirtschaftlichen Betrieb, ein neues Wohnhaus oder eine moderne Wohnanlage, verstreut liegend im ganzen Bayerischen Wald. Sie alle erfüllen im wesentlichen die Kriterien für landschaftsgebundenes Bauen, die sich von historischen Bauten ableiten lassen. Diese Elemente sind, zwanglos aneinandergereiht:

Einbindung in die Landschaft, denn jedes Bauwerk ist ein Eingriff in die Umgebung. Es darf die Dominanz der Landschaft nicht zerstören. Lichteinfall, Sonnen- und Wetterseite bedingen häufig die Ausrichtung nach Osten und Süden.

Im Bayerischen Wald haben sich 2 Dachformen herausgebildet, nämlich „Halb- und Schopfwalm" mit 45 Grad Neigung und das „flachgeneigte Satteldach" mit ca. 25 Grad Neigung. Dachüberstand an Giebel und Traufe müssen so bemessen sein, daß Regen und Schneewasser die Außenmauern nicht beeinträchtigen können.

Balkone gehören an die Giebel- und Traufseite; natürlich kann man sie auch weiterziehen, um die Horizontale zu betonen, denn landschaftsgebundenes Bauen ist nicht Imitation des Überkommenen, sondern seine Verarbeitung. Gemäßigte Raumhöhe im Inneren. Sie macht den Raum gemütlich und spart Heizkosten.

Die Fenster sind ein organischer Bestandteil des Hauses und nicht nur möglichst große Löcher in der Mauer. Sie sind wichtige Gliederungselemente. Deshalb müssen die Proportionen zum gesamten Bauwerk ausgewogen sein. Die „Lochwirkung" wird den Fenstern genommen, wenn sie nicht überdimensioniert werden und ein Sprossenkreuz erhalten. Zum Sprossenfenster gehört aber auch der aufschlagbare Fensterladen.

Schließlich sollte heimisches Baumaterial bevorzugt werden, also Holz, Steine, Ziegel. Aufgeblendetes Fachwerk muß schon als dubioser Kunstgriff angesehen werden. Eternitverkleidungen sind natürlich völlig unmöglich und es macht die Sache nicht besser, wenn man ein altes Wagenrad oder landwirtschaftliches Gerät davorhängt.

Zum Haus gehört auch der Laub- und Obstbaum, Schattenspender und Windschutz im Sommer, belebendes Element und Akzent des Grundstückes.

ISFRIED GRIEBEL

Nur eine Haltung – die der Ehrfurcht

»Bis zum Ende der ungebrochenen Überlieferung vor 100 Jahren atmet alles, was von den eingesessenen Bauern, Zimmerleuten und Maurern gebaut wurde, den Wohllaut jener zeitlosen Gesetze der alleingültigen Maßverhältnisse, nach denen seit 5 Jahrtausenden alle wirklich großen Bauten der abendländischen Welt errichtet worden sind. Wenn Gemeinden im bayerischen Oberland sich bemühen, ihr alpenländisches Gesicht auch über die jetzige, mehr als nur wirre Zeit hinüber zu bewahren, so beweist es wenig Einsicht oder gar Bildung, dies als Lederhosen-Romantik abzutun. Einem in Jahrtausenden gewachsenen Baugesicht gegenüber gibt es nur eine einzige Haltung – die der Ehrfurcht, der bedingungslosen Hochachtung«.

ALWIN SEIFERT

Die Häuser im Bayerischen Wald gehören im wesentlichen zum alpenländischen Baustil. Sie haben aber von der Größe und Ausstattung her einen etwas anderen Charakter, weil der Bayerische Wald immer schon eine ärmere Gegend war. Das hat die Schönheit und Würde der alten Häuser jedoch nie beeinträchtigt.

Koni Gruber
Aus alt mach neu – Gewinn dabei

»Hat oaner z'vui Geld und is saudumm, dann kauft er an oids Haus und baut's um«. Diesen spöttischen Spruch bekommt man leicht von seinen Freunden zu hören, wenn man gerade einen Altbau erworben hat. Manche haben sich ein altes Haus gekauft, weil das Geld wirklich gerade noch dafür gereicht hat (oder die finanzielle Courage). Und weil sie sich eine allmähliche Erneuerung – Zug um Zug, Rate für Rate – leichter vorstellen können als die Finanzierung eines kompletten Neubaus. Aber die Vorurteile gegen Altbau-Renovierung kann man auch wieder mit einem Schlagwort beantworten: »Aus alt mach neu – Gewinn dabei!« Saudumm ist einer nämlich nur dann, wenn er nicht sehr viel davon versteht, sich die Beratung durch einen erfahrenen Fachmann vor der Renovierung spart, dann zäh und verbissen jahrelang drauflos werkelt und investiert und schließlich erst zum Schluß erfährt (oder selber merkt), daß die entscheidenden Fehler schon am Anfang gemacht worden sind. Dann schaut's zwar auch neu aus, aber Gewinn schaut keiner mehr raus, nur Unzufriedenheit. Aber die meisten kaufen sich ja ein altes Haus nicht, weil sie zu wenig Geld haben, sondern aus ganz anderen, völlig verschiedenen Gründen. Der eine findet das alte Haus einfach schön. Der andere ist von der Wohnlage, der Umgebung oder von der schönen Aussicht angetan. Ein Dritter will vielleicht einfach in einem bestimmten Dorfkern oder einer Altstadt ein Haus haben, findet aber dort keinen freien Platz mehr für einen Neubau.
Meiner Meinung nach ist die große Zeit der Neubauten sowieso vorbei. Die Welle des Wiederaufbaus und des rasanten Wirtschaftswachstums ist verebbt. Es kann auch garnicht mehr so weitergehen mit den Neubauten. Immer mehr Baulücken sind nach und nach geschlossen, die Grundstücke werden knapper. Immer weniger neue Baugebiete werden ausgewiesen, neue Projekte im Außenbereich nicht mehr genehmigt, um der weiteren Zersiedelung der Landschaft Einhalt zu gebieten. Da steigen alte Häuser schon um des Bauplatzes und Baurechtes im Wert.
Aber bei der Renovierung alter Häuser darf man ja nicht nur an die Käufer denken, ob sie nun von der Stadt aufs Land oder vom Land in die Stadt ziehen möchten, ob sie eine Zweitwohnung anschaffen oder ein Ferienhaus einrichten wollen. Man muß eigentlich in erster Linie an die Besitzer denken, an die viel größere Zahl derer, die eben schon ein altes Haus haben. Die stehen nur vor der Frage: Soll ich umbauen und renovieren oder abreißen und neu bauen? Oder lieber gleich verkaufen und an anderer Stelle neu bauen?

Das Haus H. (S. 85) in der Nähe von Deggendorf ist ein drastisches Beispiel dafür, wie aus einem erst in diesem Jahrhundert errichteten geschmacklosen Bau (oben) durch sachkundige Renovierung ein modernes Haus (rechts) werden kann, das auch in die Landschaft paßt.
Es wäre aber sicher nicht umgebaut, sondern abgerissen worden, wenn der frühere Besitzer eine Chance gehabt hätte, eine Genehmigung für einen Neubau an dieser exponierten Stelle im Außenbereich zu erhalten.

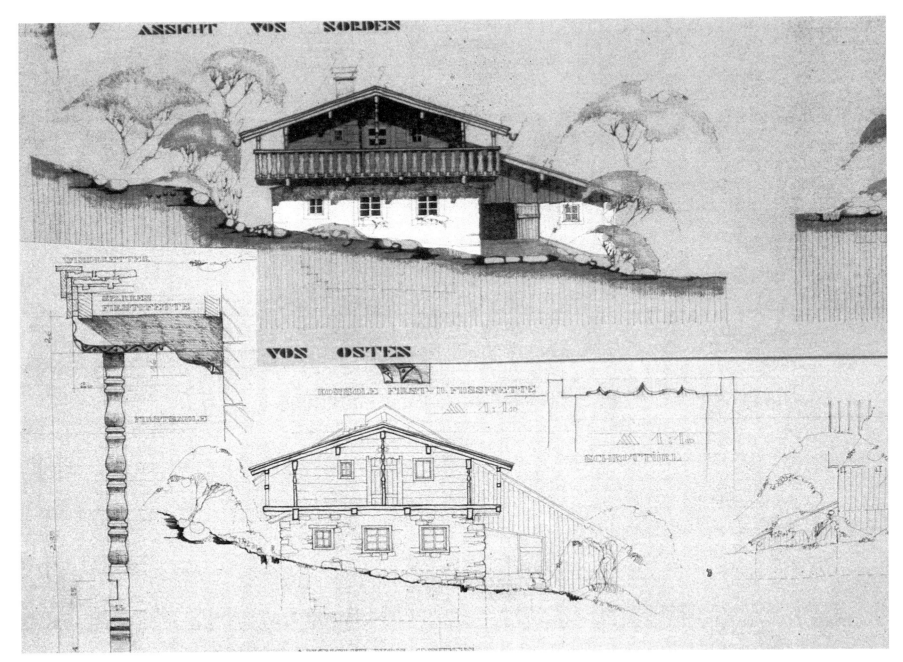

Pläne und Skizzen zum Haus M. (S. 83).

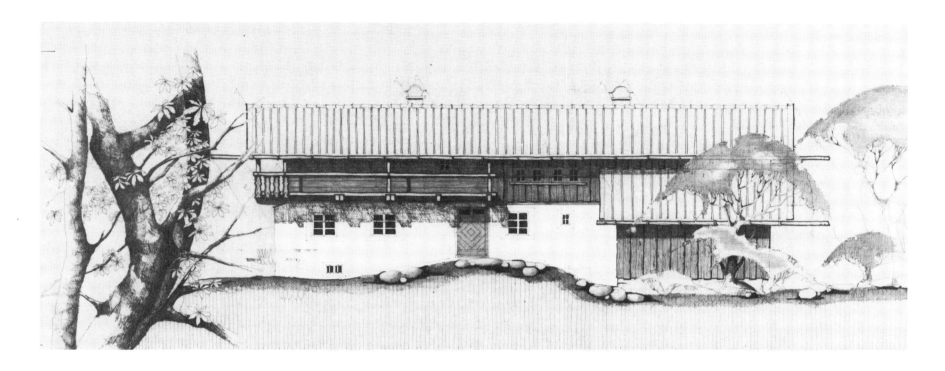

Da müssen natürlich zuerst die baurechtlichen Fragen geklärt werden: Was darf man überhaupt? Was muß man beachten? Ist ein Haus noch erhaltenswürdig, steht es unter Denkmal- oder Ensembleschutz? Steht es im Außenbereich oder innerhalb eines verbindlichen Bebauungsplans, mit welchen Auflagen ist zu rechnen? Gibt es eine Abbruch-Genehmigung oder eine Abbruch-Anordnung? Manche Gemeinden sind ja mehr für radikale Säuberung des Ortsbildes von alter Baukultur als für deren Erhaltung. Alle diese baurechtlichen Variationen hier durchzuerörtern würde zu weit führen. Das muß in jedem Einzelfall konkret vor Ort geprüft werden – aber rechtzeitig, damit es keine bösen Überraschungen gibt!

Soviel aber ist grundsätzlich zum Thema Renovierungen zu sagen: das ewige Gejammer über das Unglück, daß auf einem Haus gesetzlicher Denkmalschutz liegt, ist völliger Unsinn. Da liegt über manchem Haus ein schlimmerer Fluch – zum Beispiel eine böse Frau oder ein geiziger Mann oder ein ererbtes Brett vor dem Hirn! Man soll sich doch freuen, daß am Haus noch ein alter Wert da ist und man kann doch was Schönes draus machen! Daß so schreckliche Vorstellungen von den Mehrkosten einer Althaus-Renovierung herumgeistern, hängt doch zu einem guten Teil damit zusammen, daß es viele einfach nicht richtig können, weil sie sich zu wenig damit befassen.

Dieses kleine Bauernhaus (Haus M., S. 83), ein sogenanntes »Sachl«, wurde an Ort und Stelle renoviert. Auf dem Plan links unten ist noch zu erkennen, wie es früher ausgesehen hat. Mit relativ bescheidenem finanziellem Aufwand wurde es saniert und den heutigen Ansprüchen angepaßt.

Das Haus M. (S. 83) bleibt auch nach der Renovierung und Modernisierung das, was es war: ein schlichtes, aber schönes, bodenständiges Bauernhaus. Die Grundrisse (rechts) zeigen, daß keine gravierenden Eingriffe in die Struktur des Hauses vorgenommen werden mußten. Dennoch erhöhte sich durch die Einbeziehung des früheren Hühner-und Kuhstalls die Gesamtwohnfläche von vorher ca. 65 qm auf rund 155 qm.

Solche alten Häuser oder Höfe einfach aufzugeben, verfallen zu lassen und abseits von einem gewachsenen und umwachsenen Gefüge einfach frisch-fröhlich ein neues Wohnhaus Marke »Siedlerstolz« hinzusetzen, das ist nicht nur gesichtslos und geschichtslos, das ist nicht nur unverantwortlich, sondern wirklich »saudumm«! Zuerst strahlt nämlich das alte Haus noch soviel Würde und Wärme aus, daß es jedem neuen die Schau stiehlt, und danach, wenn es zusammenfällt, ist das ganze Hofgefüge zerrissen, das Ortsbild gestört und das Ganze nicht mehr zum anschauen.

Da ist es schon viel besser, zuerst einen Teil-Umbau im noch unbewohnten Teil zu machen, zum Beispiel einen Stadel auszubauen oder aufgelassene Stallungen, damit man zunächst innerhalb des Hauses umziehen kann. Von da aus wartet man dann die Renovierung des anderen Teils ab und hernach breitet man sich aufs gesamte Haus wieder aus. Das geht wunderbar, man muß es nur wissen, wie es geht.

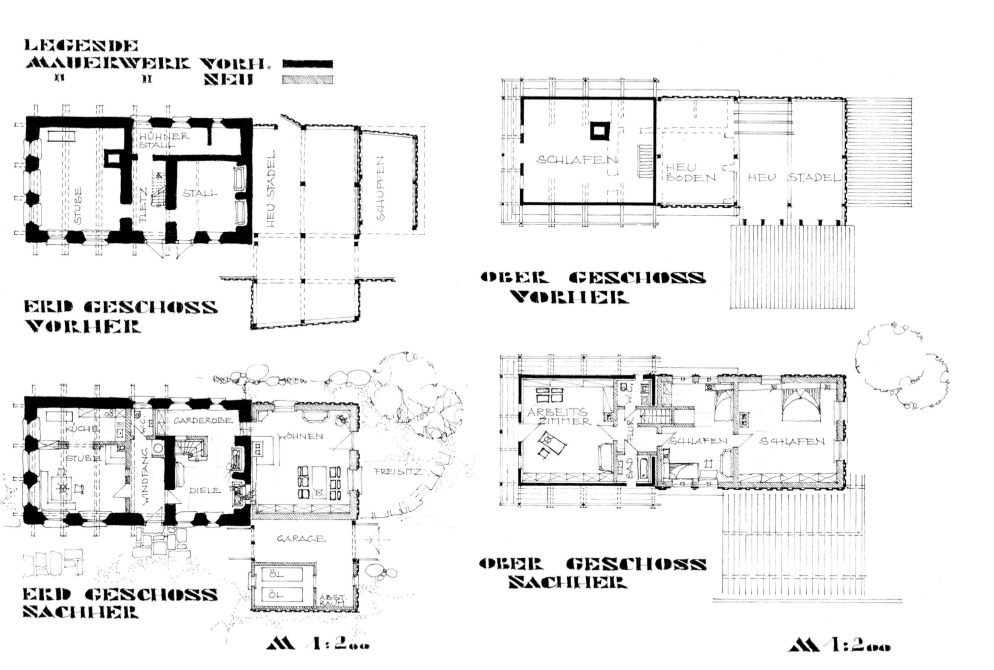

Umgekehrt ist es aber genau so »saudumm«, daß unsere Baugesetze es in vielen Fällen nicht erlauben, ein Haus einfach abzureißen und an Ort und Stelle wieder aufzubauen, wenn es weder erhaltenswürdig noch als Denkmal geschützt ist – nur weil es außerhalb des Bebauungsplanes steht. Da werden dann Bauherren gezwungen, mit unwürdigen und kostspieligen Tricks zu arbeiten, nur weil sie aus Familientradition, wegen dem guten Platz oder der schönen Aussicht an der gleichen Stelle aufbauen und wohnen wollen. Mit vielen kleinen Schwindeleien, mit widrigen Umständen (zum Beispiel, um unter ein stehendes Haus noch ein Fundament zu schieben) und mit entsprechend höheren Kosten, die nichts bringen, müssen sie eine »Runderneuerung« als Reparatur durchziehen und das Haus von innen nach außen erneuern, statt von unten nach oben.

Wäre es da nicht für alle Seiten sinnvoller, man würde den Abbruch und den Wiederaufbau an Ort und Stelle genehmigen? Aber natürlich unter strengen Bedingungen und Auflagen, was den Baustil und die Größe sowie die Wiedereinpassung in die Landschaft oder das engere Umfeld (z. B. bestehender Obstgarten) betrifft. Man kann nämlich unsere Kulturlandschaft auch dadurch verschandeln (und zwar gesetzlich gezwungen!), daß man an einem Platz, wo schon seit »ewigen Zeiten« ein Haus steht, wo optisch eines hingehört und wo jeder auch von der landwirtschaftlichen Struktur her eigentlich eines erwartet, einfach ein altes Haus verfallen und wegreißen läßt.

Ich bin zwar grundsätzlich dafür und rate es allen, die mich fragen, daß man ein altes Haus mit noch schützenswerter Bausubstanz nicht nur überhaupt renovieren soll, sondern auch an seinem angestammten Platz. Und ich weiß auch von Georg Höltl am Dreiburgensee und von den Verwaltern öffentlicher Bauernhaus-Museen, daß sie vor dem Kauf eines alten Hauses immer dem Besitzer zureden, es doch stehen zu lassen und selbst zu renovieren. Aber wenn es aus technischen Gründen oder aus mangelnder Einsicht garnicht anders geht, und wenn zu befürchten ist, daß das Haus letztlich doch mit allen Tricks ruiniert wird, dann ist es immer noch besser, man rettet wenigstens die wertvollen Teile – sei es privat oder im Museum. Dann muß man eben das Haus abbauen, versetzen und an einem anderen Platz wieder aufbauen und ergänzen. Im Museum natürlich dann ohne die Einrichtung modernen Komforts.

Aber es stellt sich natürlich die Frage, was ist heute ein altes Haus? Wo fängt es an und wo hört es auf? Bei der ganzen Frage der Sanierung und Renovierung gibt es nämlich einen Aspekt, der noch wenig beachtet wird, der aber in den nächsten Jahrzehnten für die mit Neubauten allein nicht mehr ausgelasteten Baufirmen, Handwerker und auch für uns Architekten eine immer größere Rolle spielen wird. Es geht um die Renovierung »alter Häuser«, die nicht im historischen Sinne alt an Jahren sind, die aber aus verschiedenen Gründen, wie man so sagt, »alt ausschauen« – im Sinne von scheußlich. So widersprüchlich es klingt, es ist aber ein wichtiges Thema: die Renovierung von solchen relativ jungen Häusern. Vieles, was zwischen den Weltkriegen oder gleich nach dem letzten Krieg entstanden ist, gibt von Bauqualität und Wohnwert nicht mehr viel her, auch wenn das Bauwerk erst 30 oder

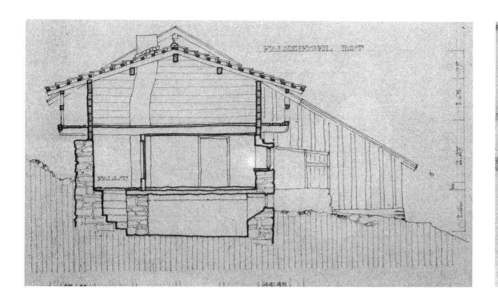 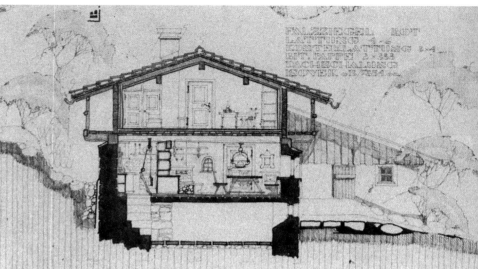

Ein Querschnitt durch das Haus M., links vor und rechts nach der Renovierung.

50 Jahre alt ist. Hier hat das Geld gefehlt, dort besseres Material, hier war man völlig auf Eigenbau angewiesen, dort waren Pfuscher aus dem Freundeskreis am Werk, hier hatte man ursprünglich eine ganz andere Art von Nutzung im Sinn, dort hat sich der Bedarf völlig verändert. Man weiß ja, wie die Zeiten waren, und was sich alles getan hat.

Ganz zu schweigen davon, daß man in einer Zeit, in der man um ein Dach über dem Kopf gekämpft hat, weniger auf Stil und Bauformen achtete und sich kaum Gedanken um die Orientierung an der Landschaft und an bewährten heimatlichen Bauformen machte. Man richtete sich beim »Aufbruch in eine neue Zeit« lieber nach verlockenden Vorbildern aus schönen bunten Bauzeitschriften, nach Häusern aus anderen Gegenden, die einem dort gefielen, oder – noch häufiger – einfach nach dem schlechten Geschmack irgendwelcher Nachbarn. Kurzum, wie immer das Haus damals zustandekam oder »derrackert« wurde, heute denkt sich mancher Besitzer: »Mei, wenn i no kunnt, taat i heit ois anders macha wia damois!«

Denen allen kann man den Trost mitgeben: man kann auch nachträglich noch viel mehr machen als die meisten glauben. Die Grundkonzeption und der Grundriß des Hauses sind dabei gar nicht so entscheidend wie man immer meint. Mit Phantasie, Geschmack und vor allem mit handwerklichem Können läßt sich viel ausgleichen oder angleichen, korrigieren oder ergänzen, zum Teil in Verbindung mit Umbau oder Anbau, mit einer neuen Konzeption für die Nutzung oder mit einer Wärmedämmung zur Verringerung der Heizkosten. Häufig lassen sich solche Funktions-Reparaturen mit

Aus einem ehemaligen, bereits abgebrochenen Getreidekasten wurde das Haus E. (S. 84) zu einem gemütlichen Wochenendhaus ausgebaut.

Schönheitsrenovierungen verbinden, so daß die Investitionen nicht nur ein Luxus fürs Auge und Wohlbefinden sind, sondern in jedem Fall wieder hereinkommen. Es sei denn, es macht einer dieselbe Fehler zweimal und werkelt wieder ohne vernünftigen Plan und fachmännischen Rat drauflos. Viele Häuser schauen nämlich nicht deshalb so scheußlich aus und wirken so ungemütlich, weil der Grundriß schlecht oder der Raum zu gering war, sondern weil einige Details nicht stimmen oder weil die Summe störender Details das ganze Haus verschandelt. Hier ist eine Kleinigkeit vermurkst, da ist eine Ecke verkorkst und es bräuchte halt ein paar kleine Tricks – eine andere Farbe, ein besseres Material, eine passendere Form, mal was wegnehmen, mal was hinzufügen usw. Man kann wirklich auch ohne gravierende Umbaumaßnahmen ein sogenanntes »schönes Haus« aus der Nachkriegszeit in ein wirklich schönes Haus verwandeln. Man kann ein der Landschaft und den Menschen

In Greising bei Deggendorf wurde eine alte Schule neben der Kirche renoviert und zu einem Jugend-Freizeitzentrum umgestaltet (S. 85).

entfremdetes »Unterkunfts-Haus« in ein Haus zum Wohnen und Leben umbauen, in ein gutes Haus, das herpaßt und wo unsereiner auch reinpaßt.

Soviel Geld, wie man für solche »Neubau-Renovierungen« braucht, ist meist vorhanden, weil einen ja der Zeitpunkt nicht drängt. Der eine hat einen kleinen »Bausparer« laufen, der fällig wird. Ein anderer macht einmal eine mittlere Erbschaft oder ein größeres Nebengeschäft. Und ein dritter hat sein Haus abbezahlt und kann vielleicht schon wieder neue Schulden brauchen, die er wenigstens teilweise von der Steuer absetzen kann. Alle diese Fälle von Renovierungen älterer oder jüngerer Häuser, die ich hier theoretisch geschildert habe, wurden in der Praxis bereits mit Erfolg und zur Zufriedenheit der Bauherren ausgeführt. Im folgenden werden einige konkrete Beispiele vorgestellt. Wohlgemerkt ohne Anspruch auf Vollständigkeit – einfach zum Nachdenken und Nachmachen.

Das Haus W. stand unter Denkmalschutz, aber der frühere Besitzer wollte es nicht mehr haben. Heute reut es ihn.

Beispiele für Renovierungen

Der Kern des Hauses W. ist das umgesetzte obere Holzriegelwerk eines Bauernhauses. Hier war die Ausgangssituation so, daß der Bauer ein wirklich denkmalwürdiges und schützenswertes Wohnhaus nicht mehr als bewohnbar, als modern genug oder als noch zumutbar betrachtete. Er setzte zuerst neben dieses Haus ein sogenanntes »schönes Haus«, eben so ein übliches Siedlungshaus, und wollte das alte Haus abreißen. Gerade noch rechtzeitig wurde damals das Denkmalschutzgesetz erlassen, nach dem geschützte Häuser nicht mehr abgerissen werden dürfen. Sie können allenfalls abgetragen und an anderer Stelle wieder aufgebaut, beziehungsweise instand gesetzt werden.
Dies ist in diesem Falle auch geschehen. Es hat sich gottseidank ein Käufer gefunden für das Riegelwerk und seine guten handwerklichen Bearbeitungen in vielen Details. Das untere Mauerwerk war vollkommen durchnäßt und kaputt. Das Haus wurde dann restauriert, das untere Mauerwerk neu aufgebaut und das Riegelmauerwerk sowie die alten Balken wieder draufgesetzt. Jetzt steht das Haus da, als wäre es schon immer an dieser Stelle gewesen (siehe auch S. 55 und S. 58).
Hätte das der Bauer am ursprünglichen Standort nicht genauso, ja eher noch besser, machen können?

Nach diesem Plan wurde das Haus W. an einem neuen Platz wieder aufgebaut und dabei innen modernisiert (Beschreibung siehe oben).

Mit geringem Aufwand wurden diese Nebengebäude des Hauses F. instand gesetzt und mit Sprossenfenstern versehen. Die Verbindungsmauer zum Wohngebäude (rechtes Bild) macht aus dem Ganzen wieder eine Vierseitanlage.

Das Riegelwerk Zug um Zug unterbauen, das Mauerwerk erneuern und dann von einer Hälfte in die andere umziehen? Somit hätte er das schöne alte Bauernhaus seiner Väter erhalten. Erst jetzt weiß er, was er verloren hat. Er fährt immer noch und immer wieder mit seinen Verwandten und Bekannten 100 km weit, um denen zu zeigen, was für ein schönes Haus er gehabt hat. Und er bereut es jetzt im Nachhinein gewaltig, daß er die Renovierung nicht selber gemacht hat. Er hat eben die Möglichkeit nicht erkannt, ja überhaupt nicht gewußt, daß man so etwas machen kann.
Wenn man nun die Kosten vergleicht, was sein Neubau gekostet hat und was die Renovierung des alten Hauses in dem gleichen Volumen kostet, dann gibt es keinen großen Unterschied. Ohne den Transport und den ganzen Abbruch hätte er eher an Ort und Stelle die Renovierung noch günstiger machen können. Bloß: Der gute Mann hatte eben nur die Auflage bekommen: »Du darfst das nicht abreißen!« Aber wie er mit diesem Denkmal zurechtkommen soll, das hat ihm niemand gesagt.

Das Haus F. war ein altes, baufälliges Bauernhaus. Alle Fenster waren herausgerissen, die vorderen Balkone abgeschnitten, verwittert, heruntergekommen. Dieses Haus wurde vor ca. 7 Jahren renoviert. Da dieses Haus Besitzer bekam, die schon damals das nötige richtige Verständnis hatten, konnte man es so gestalten, daß es wieder in die Landschaft paßt. Es bekam vor allem zweckmäßiger-

Das Haus F. (S. 82) war ein alter, baufälliger Bauernhof, der nach der Renovierung jetzt wieder in die Landschaft und zu seinem Umfeld an Nebengebäuden paßt (links).

weise wieder einen Dachvorschuß, damit das Wasser von den Wänden weggehalten wird. Mit einer Einfriedung, Mauer und Tür wurde es wieder eine Vierseit-Anlage. Auch die Nebengebäude sind mit geringem Aufwand instand gesetzt worden. Sie wurden praktisch nur hergerichtet und die hohen Fensteraugen wurden mit Sprossen versehen.
So war das alles plötzlich wieder in einer wunderbaren Harmonie. Das Haus bekam 1981 den Preis für landschaftsgebundenes Bauen. Dabei hatte der Bauherr das meiste nur nach meiner Beratung in mühevoller Kleinarbeit selbst erstellt (Bilder oben).

Das Haus M. ist ein renoviertes Bauernhaus, ein sogenanntes »Sachl«, d. h. mehr oder weniger ein »Arme-Leit-Häusl«. Die einfachen Leute deckten Wohnhaus, Stallungen und Lagerhäuser mit einem einzigen Dach, unter dem sie mit dem Vieh zusammenlebten. Das war damals zwar keine Schande, aber ein Sinnbild für arm und bescheiden. Die reicheren Bauern dagegen hatten ein Wohnhaus und dazu Stallungen und Stadel extra; das Ganze war zu einem Vierseit-Hof zusammengestellt. Dieses alte Bauernhaus wurde an Ort und Stelle belassen und dort renoviert. Die dicken Bruchsteinmauern haben wir saniert, das Holzgebälk ausgewechselt und versucht, alles so zu belassen bzw. wieder herzustellen, wie es vielleicht 1850 ausgeschaut hat. Die alten Falzziegel waren verrottet, der

Dachstuhl samt Sparren war verfault, die Giebelsäule mußte erneuert werden. Das obere Holzriegelwerk wurde belassen wie es war und nur mit Insektenschutzmittel imprägniert. Die alte Profilierung konnte übernommen werden. Die Bretter für das Balkon- (oder »Schrot«-) Geländer sind nach alten, herumliegenden Brettern angefertigt worden (Bilder S. 72–77).

Das Mauerwerk wurde verfestigt: Es bestand aus beidseitig angesetzten Feldsteinen (Mauerstärke: ca. 80 cm). Dazwischen war das Mauerwerk mit Lehm-Häcksel-Gemisch und Gesteinsbrocken ausgefüllt. Die Außenflächen waren mit Gesteinskeilen ausgezwickt. Solches Mauerwerk läßt sich kaum mit Dachpappe waagrecht isolieren. Die Fugen haben wir daher so tief wie möglich ausgekratzt, herausgefallene Gesteinszwecken wieder eingemauert und die Fugen mit magerem Zementkalkmörtel ausgefüllt. Dann wurde ein Isolierputz darübergezogen, der sofort die Feuchtigkeit nach außen abgibt.

Der Lehmfußboden im Hause wurde ca. 30 cm tief abgetragen. Stattdessen wurde hier (wie auch im Stallungs- und Stadelbereich) eine 20 cm dicke Kiesisolierung eingebracht und darüber eine Betonschicht aufgetragen. Für das neue Mauerwerk im Stadelbereich brauchte man eine Fundierung und waagrechte Isolierung. Außen haben wir das Mauerwerk wie beim alten Stadel mit senkrechten Brettern verschalt. Die Hangmauer bekam eine Feuchtigkeitsabsperrung: Zwei Längsdrainagen, eine unmittelbar am Haus entlang und eine ca. 200 m davon entfernt (mit Rollkies ummantelt, ca. 100 cm tief) wurden eingebaut.

Kosten der Renovierung im Jahr 1978: 175000,– DM (Abtragen der nicht mehr zu renovierenden Bauteile, Wiederaufbau mit alten, vorgefundenen Zierelementen durch Handwerker, geringfügige Eigenleistung; Grund wurde nicht gebraucht). Bauzeit: 1 Jahr (Frühjahr bis Herbst)

Das Haus E. war ursprünglich ein Getreidekasten, der aus dem Graflinger Tal in der Nähe von Deggendorf stammt. Nachdem der Kasten bereits abgerissen, als Brennholz gestapelt und kurz vor dem Zerkleinern war, wurde der gesamte Stapel gerade noch rechtzeitig zum Brennholzwert aufgekauft. Der an anderer Stelle wieder aufgebaute Getreidekasten wird jetzt als Wochenendhaus und für zünftige Hüttenabende benutzt (S. 78).

Das alte Riegelwerk hatte keine Numerierung und es war sehr schwer, die einzelnen Teile wieder passend zusammenzubauen. Ergänzungen aus anderen alten und auch neuen Balken waren notwendig. Das Ständerwerk mußte wegen der geringen Höhe mit Mauerwerksockeln gestelzt werden, um eine vernünftige Wohnraumhöhe zu erreichen. Für die Ausfachungen habe ich Gasbetonmauerwerk (24 cm stark) gewählt, da sich dieses Material besonders leicht in jede gewünschte Form sägen läßt.

Nun bietet die Wohnstube – mit moderner Küchenzeile – in einer gemütlichen Sitzecke Platz für ca. 20 Personen. Ein großer Kachelofen mit Gußeinsatz sorgt für schnelle Wärme durch Luftumwälzung. Über dem Ofen befindet sich – wie in alten Zeiten – ein Liegeplatz für 2 Personen. Das Haus bietet außerdem 4 Schlafräume, 1 Diele, 1 Dusche, 2 WC, 1 Abstellraum für Ski und sonstiges. Die oberen Räume können über Warmluftschächte regulierbar beheizt werden. Unter der Wohnstube befindet sich ein Keller, der durch eine Falltüre zu erreichen ist.

Das Objekt G. besteht aus zwei renovierungsbedürftigen alten Häusern, die auch renovierungswürdig wären. Das eine noch im Urzustand mit Krüppelwalm. Es ist unten ziemlich stark beschädigt. Man könnte es ohne weiteres wieder instand setzen. Nur es fehlen wie überall eben die Mittel. Die Leute sagen, sie haben dafür kein Geld. Aber der Bauer trägt sich doch mit dem Gedanken, das Haus abzureißen und neu zu bauen! Nun frage ich mich nur – hier wie auch sonst immer wieder: Wenn das Geld zur Renovierung fehlt, wo kommt es dann plötzlich für Neubauten her?
Das andere Haus scheint bereits auf irgendeine Art renoviert zu sein. So schaut es zumindest aus. Es hat eine senkrechte Verbretterung, wie es bei uns häufig vorkommt im Bayerischen Wald und wurde ganz schlicht und einfach in das Ortschaftsgefüge eingegliedert. Es würde sich für eine vollständige Renovierung durchaus eignen (Bilder S. 18 und 19).

Bei der Umbauschule Greising (bei Deggendorf) handelt es sich um einen alten Baukörper direkt neben der Kirche. Hier in 800 m Meereshöhe gibt es im Winter bis zu zwei Meter Schnee, das Gebäude ist also sehr stark der Witterung ausgesetzt. Der vordere Teil der Schule wurde renoviert und zu einem Jugendfreizeitzentrum für den Kreisjugendring Deggendorf ausgebaut. Der hintere Teil wird noch bewohnt. Soweit wie möglich haben wir im vorderen Teil alles wieder wie vorher nachvollzogen, nur erneuert und ergänzt. Innen wurden weitgehend alle Böden belassen, auch die alten Türen und die alte Treppe. Dies funktioniert alles noch tadellos, es wurde nur überholt und wieder in Ordnung gebracht. Im Obergeschoß und Dachgeschoß haben wir Schlaf- und Waschräume eingebaut, wie man sie eben für ein Jugendzentrum braucht (S. 79).

Das Beispiel H. steht auf einer Anhöhe in der Nähe von Deggendorf. Das Haus hat eine schöne Lage und einen herrlichen Ausblick. Es war ursprünglich ein Kleinbauernhaus. Der noch vor dem Umbau vorhandene Stall bot Platz für eine Kuh, 3 Ziegen, 2 Schweine und Hühnervolk. Darüber wurde das Heu gelagert, das über eine Hangzufahrt eingebracht werden konnte. Das Haus ist mit Sicherheit im Laufe der Zeit 2–3 mal um- und ausgebaut worden. Es war noch nie von besonderer Schönheit, sondern nur für ganz bescheidene Zwecke gebaut. Es hatte auch weder vom denkmalpflegerischen Gesichtspunkt noch von der Bausubstanz her irgendeinen Wert. Das Problem war nur, daß man nach einem Abriß das Haus an dieser schönen Stelle nicht mehr aufbauen hätte dürfen.
Das Mauerwerk bestand aus Bruchsteinfindlingen (ca. 80 cm stark), außen und innen angesetzt, die

Zwischenräume waren mit Lehm, Flinssand und irgendwelchem Schutt ausgefüllt. Die größeren Mauerfugen waren mit Bruchsteinschiefer ausgezwickt. Bei einem der Umbauten verputzte man das Mauerwerk mit Zementputz, sodaß die Feuchtigkeit weder nach außen noch nach innen ausschwitzen konnte, sondern ständig nach oben stieg und das Mauerwerk immer mehr schädigte. Das Dach war mit dunklen Flachdachpfannen mit Ortgangziegeln gedeckt. Ein dahinterliegendes – nach oberbayerischer Art geschnittenes – Abtropfbrett verstärkte noch die Armseligkeit.
Bei der Umgestaltung sollte die ursprüngliche Hauseinfahrt als massiver Anbau ausgebildet werden. Die Dachneigung wurde beibehalten, der im Laufe der vergangenen Jahre Stück für Stück abgeschnittene Dachvorschuß wieder hergestellt. Das Haus hatte ursprünglich keine Schrote. Nun wurden an der Südseite zwei Schrote übereinander angebracht und die Balken dafür während des Umbaues eingezogen. Weitere Details aus diesem Renovierungsbeispiel finden sich auch noch an anderen Stellen im Buch (Bilder S. 70, 71, 87, 138, 143, 144, 145).

Das Haus B. wurde inmitten eines Dorfes zwischen ländlichen Bauten als Bungalow mit Walmdach erstellt. Der Vorbesitzer (Bauherr) ließ den Rohbau ca. 2 Jahre lang stehen, ohne irgendetwas daran zu tun, bis das Haus zum Verkauf angeboten wurde. Zum Glück fand sich ein Käufer, der zunächst einmal fragte, inwieweit man so eine »Bausünde« in einem Dorf noch verändern kann, ohne alles abzureißen und neu zu planen. Er wollte aus diesem modernen Siedlungshaus auf irgendeine Art und Weise ein »ländliches Haus« machen. Es wurde umgeplant, umgezeichnet, ohne im wesentlichen den Grundriß des Rohbaues zu verändern (Planzeichnungen S. 88/89).
Nach Überarbeitung der Grundrisse und Ansichten stellte sich heraus, daß das Haus ohne Änderung des Bauvolumens landschaftsbezogen gestaltet werden konnte. Die bestehenden Rohbaumauern wurden bis zu 98 Prozent belassen und nur noch ergänzende Maßnahmen getroffen. Aber diese Arbeiten waren nicht so umfangreich wie das Beseitigen der Bauschäden, die durch mangelhafte Ausführung und durch zweijähriges Leerstehen entstanden waren.
Als Vorteil erwies sich, daß in den Kellerräumen (Untergeschoß) wenigstens noch kein Betonboden vorhanden war. So konnte man durch Ausheben des Erdreichs von Hand den unteren Räumen die nötige Raumhöhe geben. Das Außenmauerwerk im vorderen freistehenden Untergeschoßbereich mußte untergraben, ein frostsicheres Fundament und eine waagrechte Isolierung eingebracht werden. Vorhandene Öffnungen wurden zugemauert, versetzt und verkleinert, Innen- und Zwischenmauern im Untergeschoß und Erdgeschoß ergänzt. Den Dachstuhl haben wir abgeändert und die Eindeckung ausgetauscht, Balken für Schrote mußten eingezogen werden. Das bereits vorhandene Betonstein-Außenmauerwerk im Untergeschoß bekam eine Wärmeisolierung. Das Bimsteinmauerwerk im Erdgeschoß wurde innen mit Kalkmörtel geputzt und außen mit 5 cm starker Wärmeisolierung zwischen Latten und waagrechter 3 cm starker Wasserschlagschalung versehen. Die über

Bei der Renovierung des Hauses H. (S. 87) konnte der alte Baumbestand im Garten erhalten bleiben.

dem Erdgeschoß liegende Stahlbetondecke bekam eine 12 cm starke Wärmeisolierung mit Schutzstrich. Das Haus B. ist ein anschauliches Beispiel dafür, daß nicht nur alte Häuser schnell verfallen, wenn sie nicht mehr bewohnt werden und quasi »die Seele raus ist«. Auch Rohbauten, die längere Zeit unvollendet bleiben, tragen oft schwere Schäden davon.

Das Haus B. (S. 87) war eine schon im Rohbau fertige »Bausünde«, die von einem neuen Besitzer noch rechtzeitig korrigiert wurde.

Auf den Plänen rechts ist außen noch das ursprünglich vorgesehene Allerweltshaus zu sehen. Die neuen Planzeichnungen, nach denen das Haus dann fertiggestellt wurde, lassen erkennen, wie es durch die Umgestaltung gewonnen hat.

SÜDEN

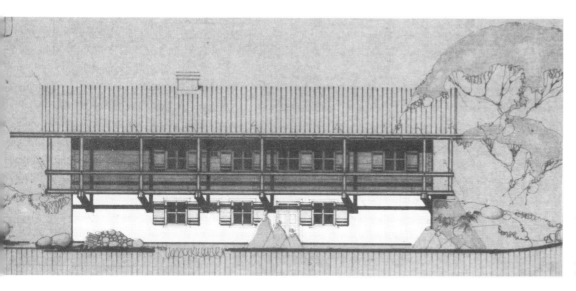
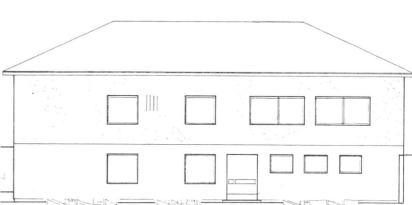

Der Bauherr selbst schildert am treffendsten (siehe unten) die Neubau-Renovierung am Haus G., das ursprünglich als »attraktiver Bau« gedacht war (rechtes Bild). Aber schon 10 Jahre später mußte es den tatsächlichen Wohnbedürfnissen im Bayerischen Wald angepaßt werden (linke Seite). Ein Gewinn in jeder Hinsicht.

Als besonders drastisches Beispiel für die Notwendigkeit, gelegentlich auch Neubauten zu renovieren – oder besser gesagt: umzugestalten – das Haus G. Ich möchte keine Kollegen angreifen oder herabsetzen, aber im Zusammenhang mit dem folgenden Fall nur auf einen verbreiteten Mißstand hinweisen: Es gibt Bauherren, die sich irgendeinen Unsinn einbilden, und es gibt Architekten, die ihnen diesen baulichen Unfug nicht ausreden. Sie führen ihn einfach wunschgemäß aus – ohne Rücksicht auf die späteren Folgen.

Ich vertrete die Auffassung, daß zur Beratungspflicht des Architekten auch der Widerstand gegen manche Modetorheiten und gegen gelegentliche Schnapsideen eines Bauherrn gehört. Auch wenn dieser dann damit droht, sich eben einen anderen Architekten zu suchen, der seine Wünsche realisiert. Hernach, wenn die Folgen sichtbar werden und sich Enttäuschung breitmacht, dann heißt es schließlich doch: »Das hätte der Architekt wissen müssen! Wer hat denn das geplant!« Darum ist es nicht nur ehrlicher, sondern auch für das eigene Geschäft besser, wenn man sich an den Grundsatz hält: lieber einen schlechten Auftrag verlieren als seinen guten Ruf.

Um jeder Tendenz vorzubeugen, habe ich den Bauherrn des Hauses G. gebeten, seine üblen Erfahrungen – zum Teil aufgrund seiner eigenen Fehler – selbst zu schildern. Und ebenso die Vorteile einer relativ geringfügigen Umgestaltung seines Neubaus. Hier sein Bericht:

»Nach dem Tode meines Vaters im Jahre 1963 erbte ich ein altes Waldlerhaus in Zwiesel. Leider war es so baufällig, daß es nicht mehr restauriert werden konnte. Ein neues Haus sollte seinen Platz einnehmen. 1970 war Baubeginn. Unsere Absicht war es allerdings, das neue Haus ganz modern zu gestalten. Diesem Wunsch entsprachen zum Beispiel an der Westseite ganzflächige Türen und Fenster. Das »attraktive Werk« entsprach ganz unseren damaligen Vorstellungen.

Pfingsten 1972 wurde eingezogen und unsere Familie war glücklich. Bis dann der Winter kam! Das größte Problem war der Kälteeinbruch durch die übermäßig großen Türen und Fenster. Besonders bei starkem Wind konnte in unseren Wohnräumen keine Gemütlichkeit aufkommen, denn die Kälte kroch in jeden Winkel. Ein weiterer Nachteil war, daß unser Hausdach nach Süden zu für den Balkon überhaupt keinen Schutz bot, die Dachrinne schnell vereiste und mit ihr – wegen des überlaufenden Dachwassers – auch die Schlafzimmertüre. Bei intensivem Schneefall mußten wir erst mit langen Latten und Stangen die Südfläche des Schopfwalms eisfrei und schneefrei machen, dann den Balkon von Schnee säubern und auch noch die Terrassenabdeckung, damit sie nicht einbrach. Anschließend schaufelten wir den Schnee von Balkon, Dach und Terrasse zum Hang hin. Eine irrsinnige Arbeit! Auch der Weg zwischen Garage und Wohnhaus war bei Regenwetter nicht trockenen Fußes zu begehen. Im Winter war es zudem schwer, die Garagenausgangstüre zu öffnen, weil sie meist vom Schnee zugeweht war. Durch die viel zu knapp gehaltene Terrassenabdeckung war der Aufenthalt im Freien immer problematisch: die strahlende Sonne mußte mit Sonnenschirmen abgedeckt werden, dafür wehten Regen und Schnee bei entsprechendem Wind bis zum offenen Kamin und auf die schutzlosen Terrassenmöbel.

Schon nach dem ersten Jahr war deshalb klar, daß zu irgendeinem Zeitpunkt an diesem neuen Haus eine Korrektur vorgenommen werden müßte. Nach einer finanziellen Atempause von einigen Jahren suchte ich erneut Kontakt zu einem Architekten und fand ihn in Koni Gruber, der mir von Freunden empfohlen wurde. Nach seiner Planung erfolgte der Umbau dann 1980, nur 10 Jahre nach dem Neubau.

Die viel zu großen Fenster an der Nord-, Süd- und vor allen Dingen an der Westseite wurden vollständig entfernt und durch zweckmäßige Fenster ersetzt: kleiner, unterteilt, wärmedämmend. Die halbherzige Terrassenabdeckung wurde entfernt, das Hausdach einfach nach Süden vorgezogen und auf dem Garagendach aufgesetzt. Diese Maßnahme schützte die gesamte Terrasse und der Zugang aus der Garage in das Wohnhaus war jetzt auch bei Schlechtwetter ohne Belästigung möglich. Die Terrasse wurde gewissermaßen zu einem Wohnraum im Freien.

Mit dem Terrassendach wurde gleichzeitig auch der Krüppelwalm nach Süden vorgezogen, sodaß er über den Balkon ragte und diesen im Schrot einschloß. Auch diese Maßnahme erhöhte den Wohnwert unseres Hauses in besonderer Weise. Der Balkon, vom Schlafzimmer aus begehbar, vergrößerte sich etwa um das Dreifache. Es war nun ungeachtet der Witterung möglich, Kleider zum Lüften hängenzulassen, Liegebetten unterzubringen, und der Schrot empfahl sich als nicht einsehbares »Solarium«. Der Regen wird nun abgewiesen, und die Schneeräumerei im Bereich des Hauses erübrigt sich. Weder von einer Terrassenabdeckung noch von einem der Balkone ist Schnee zu schaufeln, weil alles problemlos von selbst in den Garten fällt.

Der Aufenthalt in den Wohnräumen ist wieder zum Vergnügen geworden, denn durch die reduzierten Fenster kann keine Kälte und kein Wind mehr in das Innere dringen. Der Grund dafür war die zusätzliche Maßnahme des Architekten, einen Vollwärmeschutz anzubringen, weil seiner Ansicht nach die Einschuh-Außenmauer keine genügende Kältebarriere darstellte. Zum früheren Zustand des Hauses konnte man sagen, daß im Sommer die Hitze und im Winter die Kälte in unseren Räumen war. Heute ist es genau umgekehrt. Selbst in heißesten Sommern, wie gerade 1983, war es ein angenehmes Wohnen, denn trotz intensiver Hitze bleiben unsere Räume angenehm kühl. Der gegenteilige Effekt zeigt sich im Winter, weil durch vollisolierte Wände die Innenwärme bewahrt bleibt.

Durch diesen Umbau hat sich der Wohnwert unseres Hauses um ein Vielfaches erhöht und der Heizölverbrauch ist um mindestens 40 Prozent gesunken. Die reduzierten Fenster- und Türflächen geben genügend Helligkeit und vermitteln die gewünschte Behaglichkeit. Auch die äußere Optik unseres Hauses hat sich verbessert, die kühle Sachlichkeit ist der warmen rustikalen Form gewichen und paßt ganz sicher besser in unsere Landschaft.«

Das Haus O. steht bei Lalling im Landkreis Deggendorf (Bild S. 94). Es handelt sich um ein renoviertes Bauernhaus, das vorher in einem sehr schlechten Zustand war. Heimatpfleger Loibl, Landrat Karl, Herr Wiedemann vom Bayerischen Rundfunk und ich versuchten rund zwei Jahre lang die Besitzerin zu überzeugen, daß sie ihr Haus nicht einfach abreißen und ein neues nach ihrem Geschmack hinbauen soll. Vielmehr sollte sie doch das alte Haus wieder herrichten lassen, gründlich renovieren und mit allen modernen Inneneinrichtungen ausstatten. Das waren harte Kämpfe und am Anfang sind wir bei ihr auf völliges Unverständnis gestoßen. Das hat sich etwa so angehört: »Schauts, daß ihr weiter kommts! Laßts ma mei Ruah, ich will des alte Graffel loswerden!«

Der Umschwung kam erst, als dann in der Nähe ein altes Bauernhaus wieder aufgebaut wurde. Kurz vor der Fertigstellung dieses Hauses bin ich zu der hartnäckigen Bäuerin gefahren und habe sie gerade beim Futtermähen in der Früh angetroffen. »Komm, jetzt fahren'S halt amal mit« habe ich gesagt,

Die Besitzerin des Hauses O. (S. 93) wehrte sich lange gegen den Gedanken einer Renovierung. Inzwischen hat sie ein schönes altes Haus mit modernem Komfort erhalten – und dazu einen Ehrenpreis des Bayerischen Wald-Vereins.

»jetzt zeige ich Ihnen mal ein renoviertes Bauernhaus.« Naja, wie jede Frau hat sie die Neugierde gedrückt und sie ist mitgefahren und hat sich das Haus angeschaut. Da war sie ganz erstaunt. Hier war ja alles drin, was sie großteils auch haben wollte: Bad und WC, Fliesen, warmes Wasser, moderne Küche, Kachelofen, Sauna und eine Heizung, die man nur aufzudrehen brauchte. Als sie das gesehen hatte, sagte sie endlich: »Das könnt ma doch bei mir auch machen!« Und plötzlich war sie nicht mehr abgeneigt, auch ihr altes Haus herzurichten.

Es ist jetzt ein wunderschönes Haus geworden. Der Oberbau war mit einem Kran abgehoben worden, da war alles verzapft und hat wunderbar gehalten. Der untere Teil wurde abgerissen, das alte Mauerwerk durch neues ersetzt und dabei sogar ein kleiner Kellerbereich geschaffen. Das Holzriegelwerk ist dann mit dem Kran wieder draufgesetzt und alles renoviert worden. Schließlich hat das Haus 1983 vom Bayerischen Wald-Verein den Ehrenpreis für landschaftsgebundenes Bauen erhalten.

Koni Gruber

Ein neues Haus im alten Stil

Wenn man das alte Volkslied »Was braucht ma auf'm Bauernhof, was braucht ma auf'm Hof?« abwandeln würde: »Was braucht ma für an neuen Bau, was braucht ma für an Bau?« dann würde jedem künftigen Bauherren eine Menge einfallen – von der Bürokratie über die Materialien bis zu den Handwerkern. Im Bayerischen Wald könnte das Lied noch so viele Strophen haben, dann würde vielen immer noch nicht einfallen, daß man für einen Neubau auch einen Architekten brauchen kann. »Ein Architekt rentiert sich nicht, einen Architekten können wir uns nicht leisten!«, ist ein verbreiteter Standpunkt in dieser Gegend und in Niederbayern überhaupt (in der Oberpfalz nicht viel anders), weil hier die Leute halt wirklich noch besonders sparsam bauen und jede Mark dreimal umdrehen müssen.
Leider sparen sie dabei meist an der falschen Seite, nämlich beim Architekten, und entsprechend einfallslos und geschmacklos schauen dann halt viele neue Baugebiete bei uns in Niederbayern auch aus. Natürlich wird jetzt jeder sagen: »Der muß ja so daherreden, weil er selber Architekt ist, der was verdienen will und sich ärgert, daß so viele Leute ohne Architekten bauen.« Und daran kann ich auch tatsächlich nichts ändern: selbstverständlich habe ich auch meine und meiner Kollegen Interessen im Auge. Andernfalls wäre ich ein Heuchler.
Aber auf der anderen Seite gibt es nicht nur berufliche und geschäftliche Interessen. Vielmehr gibt es auch Argumente auf der Seite des Bauherren, die dafür sprechen, einen Neubau vom Architekten zumindest planen und möglichst auch leiten, also insgesamt gestalten zu lassen. So gibt es zum Beispiel allein schon viele scheußliche Bauten, bei denen auf der einen Seite der Architekt gespart wurde, auf der anderen Seite jedoch das Geld für kitschigen Schnick-Schnack zum Fenster hinausgeworfen wurde: hier ein schwulstiger Balkon, dort eine Bruchsteinmauer mit Krampfadern, dort ein Erker wie ein Kropf am Haus und dergleichen Stilbrüche mehr. Man braucht ja bloß bei uns übers Land zu fahren, dann sieht man genug von diesen abschreckenden Beispielen, die wie Brechmittel in der Landschaft herumstehen. Ganz zu schweigen davon, daß ein guter Architekt sich mit sauberen Werkplänen und einer vernünftigen Ausschreibung, die echte Qualitäts- und Preisvergleiche ermöglicht, von allein bezahlt macht. Das Hirn ist eben nicht das unwichtigste Bauwerkzeug!
Bei vielem Zeug, das mehr oder weniger nach Katalogen oder Bauzeitschriften nach dem letzten Schrei selber zusammegebastelt wurde, kann man allein schon an den geradezu lehrbuchmäßig be-

gangenen Bausünden absehen, wann diese modische Neubau-Ruine wieder renovierungsbedürftig sein wird. Solche Bauherren kommen mir vor wie Leute, die ein großes Feuer anfachen wollen, um sich ihr Leben lang daran zu wärmen, aber damit anfangen, beim Zündholz zu sparen. Und die entscheidende »Initialzündung« für den Bau eines Hauses, in dem man sein Leben lang wohnen will, und in dem auch die Kinder und Enkel noch wohnen sollen, ist eben ein guter Plan. Hier mit dem Sparen anzufangen, ist genau die verkehrteste Stelle.

Da gehen die Leute dann oft zu einem braven Baumeister und sagen: »Du, paß auf, wennst mir den Plan umsonst machst, dann kriegst Du den Bauauftrag!« Das ist dann vielleicht ein ganz ordentlicher Baumeister, aber mit einem kleinen Betrieb, wo vielleicht sogar noch eine Landwirtschaft mit dabei ist. Der schuftet dann von früh bis auf die Nacht und abends nach zehn Uhr, wenn ihm schon fast die Augendeckel zufallen, zeichnet er noch schnell mit seinen schweren Händen so einen Plan.

Nun könnte man mir entgegenhalten: »Was soll daran schlecht sein, so haben sie es ja früher auch gemacht und Du empfiehlst ja immer allen die alte Bauweise.« Das ist auch richtig. Aber früher haben eben die Baumeister die Pläne mit nur geringfügigen Änderungen oder Verbesserungen so nachgezeichnet, wie eben die guten alten Häuser in bewährten Formen schon dagestanden sind. Und wenn heute ein Maurermeister oder ein technischer Zeichner einen Plan nach dem Vorbild eines solch soliden alten Hauses nachzeichnet, dann ist dagegen auch von Seiten eines Architekten nichts einzuwenden. Aber wenn ein Bauherr dann alle möglichen modischen Finessen und neuen Ideen oder veränderte Nutzungsfunktionen in so einem Bau verwirklichen will, dann ist sowohl der Baumeister als auch ein technischer Zeichner damit überfordert. Das ist ja auch kein Wunder, sonst wäre der Beruf des Architekten ja wirklich überflüssig.

Viele sehen das allerdings nicht ein und leider, muß man dazu sagen, ist darunter auch eine Reihe von technischen Angestellten, die in irgendeinem Amt arbeiten und nach Feierabend, ohne sich viel Gedanken zu machen, Pläne für Einfamilienhäuser hinpinseln. Die meisten Architekten wissen, wovon ich rede.

Aber selbst mit dem Nachzeichnen, um nicht zu sagen »Stehlen« guter Ideen ist es ja nicht getan. Ein Haus, das hier gut ist, kann nämlich an anderer Stelle weder optisch hinpassen noch von seinen sonstigen Voraussetzungen. Das geht schon bei so einfachen Dingen los wie der Frage, in welcher Himmelsrichtung das Haus steht, in welchem Einfallswinkel die Sonne zu verschiedenen Tageszeiten auf welche Fensterfront trifft und von welcher Seite Regen und Schnee auftreffen. Außerdem wäre noch die Lage des Hauses zur Straße, zu einem eventuellen Hang und zu den Nachbargebäuden zu beobachten. Man möchte zwar meinen, daß dies Selbstverständlichkeiten sind, die Praxis zeigt aber leider das Gegenteil.

Die Generationen vor uns haben im großen und ganzen ein natürlicheres Verhältnis zum Bauen gehabt als wir heute. Deshalb haben sie meist auch mehr verstanden vom praktischen Sinn der Bau-

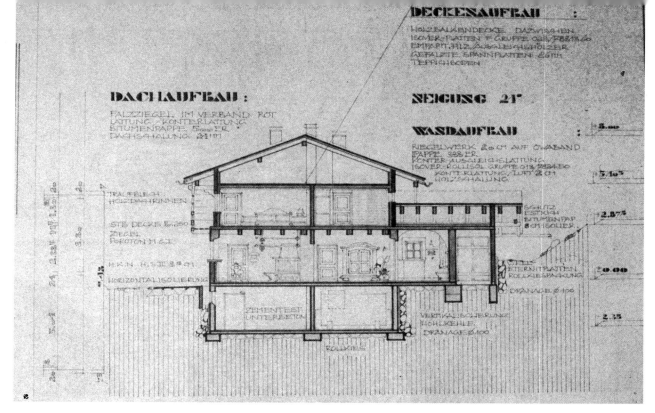

Beim Bauplan spart man an der falschen Stelle, sei es für Renovierungen oder Neubauten.

Pläne für die Renovierung und innere Neugestaltung eines umgesetzten alten Bauernhauses.

tradition. Man möchte es nicht für möglich halten, wieviele Fehler schon begangen werden, bevor überhaupt ein Architekt oder ein Baumeister mit der Sache zu tun bekommt. Entscheidend ist in vieler Hinsicht nämlich schon die Auswahl des Grundstücks, auf dem der Bau entstehen soll. Manchem mag es als selbstverständlich erscheinen, andere aber müssen eindringlich davor gewarnt werden, mit einem Bau zu beginnen, bevor sie die Eignung des Grundstücks wirklich kritisch geprüft haben. Nur weil man ein Grundstück zufällig geerbt hat oder weil man es gerade günstig kaufen konnte oder weil man sich vom ersten Eindruck blenden und zum Kauf hinreißen ließ, muß man noch lange nicht um jeden Preis auch dort hinbauen. Wenn man nämlich den ersten Fehler noch dadurch verstärkt, daß man das Grundstück mit einem Haus verbaut, dann läßt sich meist kaum noch etwas daran ändern, wogegen ein unbebautes Grundstück sich weit eher noch tauschen oder verkaufen läßt.

Viele lassen sich beispielsweise von landschaftlichen Vorzügen – einer schönen Aussicht, einer romantischen Lage, einem benachbarten Waldstück oder einem nahen Wasser – so hinreißen und blenden, daß sie viele eigentlich weit näherliegende praktische Fragen übersehen. Wie sieht es an trüben Regentagen aus, wie bei hohem Schnee? Wie verträgt sich die einsame Lage mit dem Sicherheitsbedürfnis? Wie mit der täglichen Versorgung etwa im Krankheitsfall? Manche beachten in der Begeisterung für irgendeine Grundstückslage zu wenig die Entfernung zur Arbeitsstelle oder zu öffentlichen Verkehrsmitteln, besonders wenn Kinder täglich zur Schule müssen.

Andere vergessen zu prüfen, ob und inwieweit das angebotene Grundstück überhaupt baureif ist, welche öffentlichen Lasten noch zu erwarten sind, weil sonst zum Kaufpreis noch die späteren Erschließungskosten kommen. Oft ist ein Bauherr erst zu spät davon überrascht, daß die zulässige Bebauung des Grundstücks nicht übereinstimmt mit den Vorstellungen, die er von seinem Bauvorhaben hat, beispielsweise hinsichtlich der gewünschten Gebäudehöhe.

Bei Hanglagen müssen ebenfalls bestimmte Erfahrungsgrundsätze für die Bebauung beachtet werden, nicht nur der schöne Blick, den man von diesem Hang aus hat. So muß etwa der Garten an der abfallenden Hangseite liegen und das Haus durch Treppen, am besten aus Natursteinen, mit möglichst flacher Steigung zugänglich gemacht werden. Durch Drainage-Anlagen und Sperrschichten ist dafür zu sorgen, daß das Bergwasser vom Haus ferngehalten wird, weder hineinläuft noch sich außen anstaut usw.

Allerdings hat nicht jeder die freie Wahl beim Grundstück. Ein Bauer oder ein Geschäftsmann muß halt normalerweise wieder dorthin bauen, wo der Hof oder das Geschäftshaus immer schon gestanden ist. Je mehr man aber vom Grundstück her bereits von vornherein festgelegt ist, desto mehr sollte man sich auch an eine bodenständige Bauweise halten und sich am Gesamtbild seiner Umgebung orientieren.

Früher gab es weitgehend den gleichen Baustil im Bayerischen Wald, aber dennoch sah nirgends ein Haus genau so aus wie das andere. Heute dagegen findet man ganze Straßen – und das nicht nur in

Landschaftsgebundenes Bauen findet nicht nur auf der grünen Wiese statt. Dieser Neubau im Ortskern von Niederalteich zeigt, wie mit Stilgefühl Altes und Neues zusammengefügt wird.

Wenn man ein Grundstück nicht mit Gewalt »baureif« macht, hat das neue Haus schon den Schutz von alten Bäumen.

Im Sommer hat das Haus Kühlung und Schatten (links), im Herbst und Winter bekommt es wieder mehr Licht.

Siedlungen mit einheitlichen Haustypen – wo die Häuser in einer Reihe stramm uniformiert wie die Soldaten dastehen und so ziemlich alle gleich aussehen. Daran haben zu einem guten Teil auch die Bebauungspläne schuld und noch mehr die Bequemlichkeit von Beamten und Politikern, die nur selten bereit sind, einen veralteten oder mißglückten Bebauungsplan wieder zu ändern. Schon Mitte der 50er Jahre hat man in der Städteplanung erkannt, daß diese Festlegung auf lauter gleiche Haustypen – meist noch in lauter gleich großen Grundstücken und in diesen wiederum alle am gleichen Platz – zu einer völligen Eintönigkeit, einem langweiligen Ortsbild und einer uniformierten Hauslandschaft führt. Aber man muß sich nun fragen: wenn man das vor drei Jahrzehnten schon erkannt hat, warum hat man dann bis heute nichts geändert? Warum korrigiert man solche Bebauungspläne nicht und macht es aufgrund neuer Erfahrungen und besserer Einsichten heutzutage besser?

Man könnte als Architekt ganze Romane erzählen, was einem da so alles passiert, wenn man in solch einer Einheitsfront einmal zur Auflockerung ein Haus ein bißchen anders machen will und dafür eine Änderung des Bebauungsplanes beantragt. So eine Änderung macht natürlich Arbeit, nicht nur den niederen Beamten, sondern auch den höheren. Das ist häufig allein schon der entscheidende Grund, warum man bei ihnen auf Widerstand stößt und nur zur Antwort bekommt: »Sie haben sich an den Bebauungsplan zu halten. So wird gebaut und nicht anders!«

Das passiert einem auch bei völlig veralteten Bebauungsplänen, zum Beispiel wenn man in der Baulücke einer älteren Siedlung ein Grundstück kauft und nun 20 Jahre später ein Haus hineinbauen möchte. Dann wissen die zuständigen Behörden auch, daß es heute gottseidank neuere Erkenntnisse gibt, daß man wieder mehr Spielraum zuläßt für individuelle Ausgestaltung. Aber sie sagen: »Das ist alles richtig und wird auch bei neuen Bebauungsplänen berücksichtigt, jedoch hier gilt noch der alte Bebauungsplan und daran muß man sich halten.« Und dieser alte Stiefel, der sich erkennbar nicht bewährt hat, muß auf Gedeih und Verderb nachvollzogen werden. Selbst wenn die damals Flachdachpfannen, Jägerzäune und dergleichen vorgeschrieben hatten, so muß man es leider in manchen Landkreisen noch »sturheil« wiederholen.

Aber man stellt auch heutzutage noch allen Erkenntnissen der Hochbauplanung zum Trotz immer wieder noch Bebauungspläne auf, nach denen die Häuser so stehen müssen, daß die Giebel zur falschen Seite hin ausgerichtet sind. Ich habe Beispiele erlebt, wo man die Garagen an die Südwest-Ecke des Hauses gesetzt hat und die Nordwest-Ecke freiließ. Statt daß man – wie es sich gehört – die Garage oder Doppelgarage in die Nordwest-Ecke stellt, praktisch als Wetterschutz und als Puffer gegen den Einfall von Schnee und Regen. Der Wind würde dann nicht die Hauswand treffen, sondern von der Garage über das heruntergezogene Dach hinweggehen. Die Südwest-Seite hätte man frei für Wohnzimmer, Schlafzimmer, Kinderzimmer und dergleichen. Aber wenn man gegen falsche Hausstellungen reklamiert und sagt, man möchte ja auch etwas Sonne in den Wohnräumen, dann stößt man häufig auf Unverständnis. Der Betroffene muß sich halt mit der Anordnung abfinden, die im Bebauungs-

Atrium-Reihenhäuser (S. 111) ermöglichen sowohl geschützte Innenhöfe, als auch kleine offene Gärten.

plan steht und sein Wohnzimmer eben hinten an die Nordwest-Ecke bauen, damit an der südlichen Seite die Autos, der Deutschen liebste Kinder, den schönsten Platz an der Sonne bekommen.

Die Bebauungspläne geben häufig auch keine Möglichkeit, einer anderen wichtigen Tatsache Rechnung zu tragen: die Grundstücke werden immer knapper, immer kleiner und immer teurer. Stellt man nun das Haus, wie es meist vorgeschrieben wird, mit den nötigen Abstandsflächen genau in die Mitte der Fläche, dann zerfällt das ganze Grundstück in läppisch kleine, schmale Streifen, mit denen man bei der Außengestaltung fast nichts mehr anfangen kann. Man hat keinen Platz für eine vernünftige Bepflanzung, kann sich nirgends zurückziehen, ist überall eingesehen und hat einmal vom eigenen Haus, einmal vom Nachbarn den Schatten im Garten.

Die meisten tun dann als Notlösung das, was auch wieder typisch deutsch ist: sofort einen Zaun ziehen und eine Hecke anpflanzen oder zumindest eine Sträucherwand. Manche würden am liebsten noch einen Stacheldraht oben draufsetzen, nur um ihre Eigentumsgrenze zu markieren und sich einzuigeln! Auf den kleinen Handtuchflächen muß natürlich noch eine perfekte aber sterile Rasenfläche angelegt werden, damit dann in der ganzen Siedlung von Freitagmittag bis Samstagabend reihum einer nach dem anderen seinen Motormäher anwerfen und den Nachbarn Lärm und Gestank über den Zaun liefern kann.

In solchen Einheitsgärten wie aus dem Versandhaus kann sich dann sowieso meist kein Lebewesen mehr halten: keine Singvögel, keine Schmetterlinge, höchstens noch ein paar Spatzen. Ja nicht einmal Würmer findet man noch, wenn man welche zum Angeln braucht. So weit haben wir es gebracht. Mir ist es schon passiert, daß ich wunderschöne Blumen gesehen habe – abgebildet auf einem großen Plakat. Wenn ich mir dann gedacht habe: »Herrschaft, sind die schön!« und bin hingegangen, um sie genauer anzusehen, dann ist auf dem Plakat gestanden: »All dieses Unkraut können Sie mit dem und dem Mittel vernichten.« Und irgendwann wird die Zeit kommen, wo wir unsere sogenannten Unkräuter so weit vernichtet haben, daß wir sie wieder als »Samen für seltene Naturgewächse« für teures Geld kaufen müssen.

Zu dieser Denaturalisierung von menschlicher Wohnkultur und natürlicher Umwelt in unseren Gärten bilden häufig engstirnige und von der Bürokratie einfach mit dem Lineal schematisierte Bebauungspläne die grundlegende Voraussetzung. Es ist nämlich durchaus nicht so, daß es wegen der Knappheit an Grundstücken nicht anders geht. Wenn man mehr Spielraum gibt, und in solchen Fällen auch versucht, eine gewisse Übereinstimmung unter den Grundstückskäufern und Bauherren zu erzielen, so ist eine sehr viel phantasievollere und menschenwürdigere Bauweise durchaus möglich. Auch Reihenhäuser sind da nicht die einzige Lösung. Man könnte zum Beispiel die Häuser in Gruppen zusammenfassen, hier enger aneinander bauen, dort Innenhöfe schaffen, und auf der anderen Seite größere Gartenflächen lassen – wenn möglich ohne Zaun – mit aufeinander abgestimmten Bereichen für Spielwiesen, Blumen- und Gemüsebeete, Ziersträucher und größere Bäume.

Mitten in einen bestehenden Garten hinein wurde das Haus W. (S. 119) neu gebaut.

Im Vergleich mit dem einfachen Hanichlzaun auf Seite 103 wirkt dieser Jagerzaun in der oberen Häuserreihe unruhig und wie künstlich gehäkelt.

Dieser Entwurf für eine Gruppenbebauung am Stadtrand soll 1984 in Niederbayern verwirklicht werden.

Die Häuser stünden dann dichtgedrängt wie eine Herde, könnten sich gegenseitig wärmen und den Bewohnern das Gefühl der Geborgenheit und des Schutzes vermitteln – wie es eben früher in den Dörfern auch war. Heraußen aber hätte man mehr freie Fläche und könnte freier atmen. Man würde einen normalen Kontakt zu den Nachbarn entwickeln, weil man sich wieder auf natürliche Weise begegnet und nicht nur beim An- und Abfahren vor den Garagentoren trifft. So könnten ganze Siedlungsbereiche wieder mehr einen Dorfcharakter bekommen und zu einer lebendigen Hauslandschaft werden, in der noch Bewegung ist und nachbarschaftliche Harmonie. Und wenn man sich dann einmal zurückziehen und für sich sein will, dann geht man in seinen Innenhof.

Ein weiterer Punkt, den ich hier noch ansprechen möchte, ist die oft rücksichtslose und gedankenlose Art, mit der Grundstücke »baureif gemacht« werden. Da werden Bäume einfach abgeholzt, Sträucher mit der Planierraupe weggeschoben und das Erdreich abgehoben. So schafft man zuerst einmal eine Wüste aus Sand und Kies, dann baut man die Häuser hin, ebnet alles schön ein und fängt bei Null an, wieder alles zu »begrünen«. Dabei ist diese radikale Vorgangsweise in den meisten Fällen gar nicht nötig. Wenn man ein bißchen aufpaßt, überlegt und mit Sorgfalt arbeitet, kann man fast immer auch ein neues Haus mitten in einen alten Garten bauen. Da und dort muß man vielleicht etwas

wegnehmen, aber viele schöne vorhandene Sträucher und alte Bäume können stehenbleiben, sodaß auch das neue Haus letztlich den Eindruck erweckt, als sei es immer schon hier gestanden, in dieses Ensemble eingewachsen und nur wieder einmal frisch gestrichen.

Noch ein mögliches Mißverständnis muß ich hier ausräumen: landschaftsgebundenes Bauen heißt nicht, daß jedes neue Haus, das im Bayerischen Wald gebaut wird, wie ein Bauernhaus oder wie ein altes Waldlerhaus aussehen muß. Solche Neubauten können – wie an den von mir gezeigten Beispielen ersichtlich – ganz verschiedene Bauvoraussetzungen (Standort, Höhenlage, Größe usw.), ebenso ganz verschiedene Funktionen und Nutzungsbedürfnisse haben. Man kann ein Jugendheim hinter Kirche und Wirtshaus völlig anders bauen als eine Villa am Dorfrand oder einen Aussiedlerhof auf der grünen Wiese. Ein Mehrfamilienhaus oder ein Hotel für 300 Betten können nicht ausschauen wie ein Kleinhäusler-»Sachl«, aber trotzdem der Landschaft angepaßt sein.

Man braucht jedoch in unserer Gegend nicht unbedingt rechteckige oder quadratische Klötze aus Beton und Glas mit Flachdach hinzustellen, sondern kann ohne weiteres Gebäude »aus Hoiz und aus Stoa« bauen, auch mit Beton, wenn es notwendig ist, aber gegliederte Fenster verwenden und ein Sattel- oder Krüppelwalmdach draufsetzen. Schon deshalb, weil man sich die oft recht frühen und

Wegen der kleinen Grundstücke sollte keine Streusiedlung entstehen, aber auch keine »Betonfestung«, sondern eine Art Kleindorf (S. 111).

schweren Schäden mit Flachdächern erspart. Man muß solide bauen, schlicht, einfach, ohne barocke Verschnörkelungen, ohne ausgefallene Mode-Gags, nur mit den auch sonst in der Landschaft üblichen Verzierungen an den Häusern. Allgemein ist hier nur zu wiederholen, was ich bei den Renovierungen schon ausgeführt habe: nicht so sehr der Grundriß ist entscheidend dafür, ob ein Haus in die Landschaft paßt, sondern die Summe der Details: Dachform, Verputz, Balken, Schrote (Balkone), Türen, Fenster usw.

Es ist ja auch durchaus nicht so, daß landschaftsgebundenes Bauen bedeutet: es darf einem nichts Neues mehr einfallen, es darf nichts Neues mehr entwickelt werden, das ganze Land muß ein Museum sein und über alles ist eine unsichtbare Glasglocke gestülpt. Wenn man vor hundert Jahren den Beton schon erfunden hätte, wäre er selbstverständlich auch verwendet worden und wir würden heute vielleicht von der »guten alten Betonbauweise« in unserer Landschaft sprechen. Allerdings auch nicht dort, wo Beton überflüssig ist oder im Übermaß benutzt wird.

Wir glauben zum Beispiel heute, daß Backöfen neben dem Bauernhaus eine uralte Tradition sind. Und wenn vor einem Haus kein Backofen steht, meinen wir schon, es fehlt etwas oder es wurde etwas Unabdingbares entfernt. In Wirklichkeit hat man vor etwa 150 Jahren einmal damit angefangen, Backöfen aus dem Innern des Hauses nach außen zu verlagern und dafür eigene Häuschen zu bauen. Als dann beispielsweise Felix Dahn, der an anderer Stelle des Buches schon vorgestellt und ausführlich zitiert wurde, auf seiner Reise durch Bayern auch in den Bayerischen Wald kam, regte er sich furchtbar über diese neumodischen Backhäuschen auf. Sie haben ihn schrecklich gestört, weil sie neu und ungewohnt waren. Heute sind sie mitgealtert und haben sich farblich an die anderen Gebäude angepaßt, so daß sie zu unserem Landschaftsbild gehören.

Darum ist nicht einzusehen, warum nicht auch wir im Laufe der Zeit uns an bauliche Neuerungen gewöhnen sollten. Aber entscheidend ist, daß solche Dinge nicht von heute auf morgen gehen, daß sich nicht einfach jemand, der irgendeine Idee hat, gleich als großer Reformer und Erfinder vorkommen soll. Wir müssen uns immer vor Augen halten, daß unsere traditionelle Bauweise – wie in einem eigenen Kapitel ausgeführt – sich seit der Jungsteinzeit, also seit etwa fünfeinhalbtausend Jahren, herausentwickelt hat. Da wurde auch schon vieles probiert, vieles wieder verworfen und nur das Bewährte behalten und weiter vervollkommnet. Darum soll man auf der einen Seite nicht so tun, als ob die Hochschätzung alter Materialien und Stilelemente nun plötzlich eine ganz tolle Idee und »der letzte Schrei« sei. Es ist nämlich nur normal und natürlich, daß man immer wieder zu den bewährten Dingen zurückkehrt.

Auf der anderen Seite soll man aber auch nicht glauben, daß man einfach nur daherzukommen braucht und »hokuspokus« großartige neue Baustile einführen kann. Wir sollten wieder von diesen architektonischen Bocksprüngen – einmal Salto vorwärts, einmal Salto rückwärts – wegkommen zu einer vernünftigen, sachlichen Weiterentwicklung der überkommenen Bauweise. Auf dem Bewähr-

Bei Verwendung von viel Holz paßt sich auch ein neues Haus schnell der Landschaft an.

Diese schlichte, gemütliche Berghütte wurde von den Mitgliedern eines Maschinenringes in Eigenleistung an Wochenenden erstellt.

Eine Gruppenbebauung am Stadtrand soll eine Hauslandschaft nach Art eines kleinen Dorfes entstehen lassen.

ten aufbauen und dann versuchen, neue Erfahrungen zu sammeln! Hier etwas ergänzen, da etwas abwandeln, dort etwas verbessern. Manches wird gelingen, manches wird mißlingen, man wird aus neuen Fehlern wieder dazulernen und so versuchen, allmählich zu weiteren brauchbaren Formen und Techniken zu kommen, die mit dem Althergebrachten harmonieren und das Bauen in der Landschaft organisch weiter entwickeln. Im folgenden Kapitel möchte ich an einigen konkreten Beispielen aus meiner Berufspraxis aufzeigen, was ich meine.

Beispiele für Neubauten

Neben den Fotos von Neubauten möchte ich hier auch den Entwurf für eine Gruppenbebauung unter größtmöglicher Ausnutzung der Grundstücksfläche zeigen. Die Anlage befindet sich im niederbayerischen Raum am Stadtrand. Der Grundgedanke war, keine Streusiedlung mit eintönigem Charakter, sondern eine Art Kleindorf zu erstellen. Der Entwurf sieht einen Dorfplatz vor, eine Kapelle, einen Dorfbrunnen, schattige Baumgruppen, Marterl, Totenbretter usw. Der Platz für einen kleinen Markt ist auch eingeplant, und ein niederbayerisches Wirtshaus mit Kegelbahn darf natürlich nicht fehlen! Unter den Häusern sind Tiefgaragen so angeordnet, daß man durch einen Aufgang bei den kleineren Häusern und durch einen Aufzug bei den größeren Wohneinheiten unmittelbar in die Nähe der Wohnung kommt. Die Garagen können auch für Atomschutz verwendet werden.
Diese Bauweise hat viele Vorteile: geringer Verbrauch an Baugrund, gegenseitiger Wärmeschutz für die Häuser, keine Flachdach-Fertigteilgaragen, keine parkenden Autos, Fußgänger-Gassen, keine weiten Wege für Ver- und Entsorgung, kurze Zufahrten, keine Zäune, sondern nur spürbare optische Grenzen (Plan-Zeichnungen S. 106, 107, 110).

Aus Kostengründen stehen hier gleich mehrere Häuser aneinandergereiht. Grundstücke sind knapp. Nur: wie löst man das Problem, daß man nicht vom Nachbarn eingesehen wird, sondern trotz der Enge das Gefühl hat, für sich zu wohnen? Hier wurde als Lösung auf eine Art Atriumhaus zurückgegriffen, das heißt: mit Außenmauern, die jeweils so angeordnet wurden, daß die Häuser etwas verschoben sind, um vor den Nachbarn irgendwie Schutz zu bieten.
Die untersten Häuser am Hang (S. 103) wurden viel schlichter gehalten: die Sprossen sind echt, als Umgrenzung wurde der „Hanichlzaun" ausgewählt. Bei den oberen Atriumshäusern (S. 105 unten) sieht man, daß da noch der sogenannte Jagerzaun verwendet wurde, weil man glaubte, daß der bewährte Hanichlzaun ja total veraltet sei. Wenn man diese beiden Zaunarten vergleicht, wird man sehr deutlich erkennen, um wieviel mehr Ruhe und Harmonie so ein alter Hanichlzaun ausstrahlt gegenüber dem modischen, wie übers Kreuz gehäkelten Jagerzaun.

Das Haus D. ist ein Halbgeschoßbau mit 820 cbm umbautem Raum. Der vordere Teil ist als Wohnung ausgebildet, der hintere als Keller mit sonstigen Nutzräumen. Für Fenster, Fensterläden, Balkontüren, Innentüren usw. wurden Fertigteile verwendet, die bei einem Baustoffhändler bezogen und von ihm auch eingesetzt wurde. Man blieb hier bei hellem Holz und konnte bald feststellen, wie

Beim Haus D. ist der Innenausbau (einschließlich Fenster) weitgehend aus Fertigteilen gebaut worden. Es ist ein Beispiel dafür, daß eine schöne, landschaftsbezogene Bauweise nicht notwendigerweise auch aufwendig sein muß.

schnell das Holz auf natürliche Art und Weise nachdunkelte. Das Haus kostete ohne Grund, ohne Architektenhonorar, ohne Baugenehmigungsgebühren und ohne Außenanlagen ca. 350 000 Mark. Es hat eine Wärmepumpe und in einigen Teilbereichen Fußbodenheizung (oben u. S. 109 oben).

An der Stelle, wo heute das Haus G. steht, war früher eine forstwirtschaftliche Betriebsstelle, ein altes, verfallenes Haus in gleicher Größe. Eine Instandsetzung war in diesem Falle nicht mehr möglich, jedoch wurden bei dem Neubau Dachneigung, Dachvorschuß und die äußeren Abmessungen beibehalten. Das Haus bekam einen Keller für Heizung, Tankraum, Waschküche, Löschwasserbecken mit Saugleitung nach außen und sonstige Lagerräume. Das Erdgeschoß ist in herkömmlicher Massivbauweise errichtet. Im vorderen, nach Süden ausgerichteten Teil des Hauses liegen die Wohnräume, im

Anstelle einer verfallenen Forst-Betriebsstelle entstand dieses große neue Landhaus G. (S. 112).

nördlichen Hausbereich wurden Garagen, Werk- und Geräteräume untergebracht. Das Obergeschoß ist ganz in Holzriegelbauweise erstellt, mit Schwalbenschwanzverbindungen an den Eckpunkten und Einzapfungen der Zwischenwände. Im vorderen Obergeschoßteil wurden die Schlafräume mit Diele, Bad, Dusche und WC untergebracht, im hinteren Teil, durch eine äußere Schrottreppe erreichbar, ist die Verwalterwohnung. Soweit wie möglich fanden alte Stilelemente Verwendung.
Prof. Clemens Weber sagte bei der Laudatio zur Verleihung des Ehrenpreises vom Bayerischen Waldverein:
»Das Gebäude, ein zweischossiges stattliches Einfirsthaus mit massivem Mauerleib im Erdgeschoss, enthält zwei Wohnungen und die Wirtschaftsräume, die zur Pflege eines anschließenden Waldbesitzes erforderlich sind. In seinem einfachen großzügigen Grundriß und seiner bodenständigen äußeren Gestaltung bietet es sich als ein bemerkenswertes Beispiel klassischer Bayerwald-Bauart dar. Bei seiner Errichtung wurde vornehmlich auf die heimischen, im Bayerwald seit jeher üblichen Baustoffe zurückgegriffen, das sind Ziegel, Felsstein, Granit in werkgerechter Bearbeitung und in großem Umfange handwerksgerecht bearbeitetes und verzimmertes Holz für Decken, Dachstuhl und die umlaufenden doppelten Außengänge«. (Bilder S. 113, 139 und 151).

Der Bauherr W. kam zu mir mit der Bitte, ihm ein Haus in landschaftsgebundenem Stil zu entwerfen. Er hatte gewisse Vorstellungen, die vom Ansatz her nicht schlecht waren, und so konnten wir sehr schnell einen Grundriß gestalten und auch eine recht ansehnliche Außenansicht. Das Haus besticht durch seine klare Linie ohne jeglichen Firlefanz. Der Bauherr konnte sich keine Bauleitung vom Architekten leisten, auch keine Werkplanung, sondern er machte alles in eigener Regie. Allerdings ist er immer wieder zu mir gekommen mit der Bitte, ihm die Handwerker zu nennen, die ich bereits auf anderen Bauten eingesetzt hatte. Er kam dann auch mit ihnen ins Geschäft. Das ist immer meine Erfahrung: dort wo Handwerker beauftragt wurden, die mit mir schon zusammengearbeitet hatten, gelang die Fertigstellung der Häuser auch ohne meine Bauleitung nach meinen Vorstellungen (S. 117).

Das Haus U. bekam einen Preis für landwirtschaftliches Bauen. Hier handelt es sich um einen sogenannten Aussiedlerhof, weil man wegen der Baufälligkeit des alten Hauses und wegen der Lärmbelästigung mit den Wohnungen von der Straße weg nach hinten gehen mußte. Seinen Vierseithof hat der Bauer vorne an der Straße gelassen. Wie man auf dem Foto sieht, steht das Haus sehr hoch, sozusagen auf einer angeschütteten Rampe. Das kommt daher, weil es im Bereich des Hochwassergebietes Hengersberg liegt. Da muß für das 100jährige oder das 1000jährige Hochwasser gebaut werden, das vielleicht einmal kommen wird, aber wahrscheinlich nie. Doch Vorschrift ist Vorschrift. Erst wenn in tausend Jahren immer noch kein Hochwasser gekommen ist, kann man über eine Änderung reden. Für mich ist dieser Bau nicht befriedigend, zum einen wegen dieser Vorbedingungen, zum anderen wegen der Ausführung. Man hätte nicht den ganzen Hang anzuböschen brauchen, weil ja der Bauer genug Grund und Boden zur Verfügung hatte und auch genügend Material zum Auffüllen. Das hätte sich alles viel weicher, gleichmäßiger und harmonischer machen lassen. Der Bauer bekam aber nur von mir einen Eingabeplan und machte dann mehr oder weniger alles in eigener Regie. Er hatte nicht einmal Handwerker zur Verfügung, die auf meinen Bauten Erfahrungen in landschaftsgemäßer Bauweise gesammelt hatten (S. 116).

Beim Haus K. handelt es sich um ein Zweifamilienhaus, d. h. Hauptwohnung mit Einliegerwohnung. Der Bauherr wollte nur den Entwurf von mir haben und machte sich mehr oder weniger alles andere in eigener Regie. Aber wie der Bauherr W. bat auch er mich, ihm doch wenigstens die Handwerker zu nennen, die ich bei meinen anderen Baustellen für Dachstuhl, Fenster, Balkone usw. beschäftigt hatte. Und auch hier kann man wieder eines feststellen: Die Handwerker, die man wieder an das Althergebrachte, das Einfache und Schlichte gewöhnt hat, können ohne weiteres Zutun des Architekten alleine weitermachen und das Haus doch ansehnlich und vernünftig gestalten.
Der Grundriß allein macht es nicht, sondern das ganze andere Drumherum bei der Ausgestaltung vieler Details. Auch wenn der Bauherr schon gewisse Vorstellungen hat, kann er es halt den Handwerkern nicht so gut vermitteln. Darum braucht er entweder den Architekten oder wenigstens Handwerker, die bereits Erfahrung und das richtige Gespür für traditionelle bodenständige Bauweise haben (S. 117).

Das Haus N. liegt etwas oberhalb von Deggendorf. Es wurde in der Art einer Ortsabrundung gestaltet. Da es am Hang steht, hat es eine etwas komplizierte Abfahrt zur Garage. Das Stützmauerwerk zur Garage wurde in ganz einfachem Beton erstellt und wird auch als Beton hergezeigt. Hier wurde aus Kostengründen auf eine vorgeblendete Bruchsteinmauer verzichtet. Ansonsten ist das Haus sehr schön in die Hanglage und in das Ortsbild eingebettet. Es it voll unterkellert und hat ca. 800 cbm umbauten Raum (Kosten ca. 380 000 Mark).

In der Nähe des Hauses N. steht ein altes Gebäude, das vor etwa 5 Jahren noch hergerichtet hätte werden können. Leider wollte der Besitzer das Haus nicht veräußern, obwohl es eigentlich besser gewesen wäre, dieses alte Gebäude zu renovieren. Das war auch im Sinne des Bauherrn N., aber der Besitzer gab es nicht her mit der einzigen Begründung: »Lieber laß ich es zusammenfallen, bevor ich es hergebe.« So blieb nichts anderes übrig, als diesen Neubau zu errichten. Aber bei dem alten Haus wird innerhalb kürzester Zeit einmal das Dach einfallen und es wird als Ruine in der Gegend stehen. Das ist sehr schade, denn die ganzen Anlagen rundherum, die Bäume und Sträucher, sprechen alle dafür, daß an diese Stelle ein Haus gehört (S. 117).

Das Haus U. erhielt einen Preis für vorbildliche landwirtschaftliche Bauten. Es handelt sich um einen Aussiedlerhof bei Hengersberg.

Das Haus Sch. steht in einem Dorf im östlichen Teil des Landkreises Freyung, im sogenannten Dreiländereck südlich vom Dreisesselberg. Es ist ganz gemauert und in der oberen Hälfte voll mit Holz verschalt. Interessant ist die Motivierung der Bauherrin für eine solche landschaftsbezogene Bauweise. Sie stammt aus dem Bayerischen Wald war aber lange Zeit beruflich in der Großstadt und in der ganzen Welt unterwegs. Nun wollte sie sich wieder in ihrer Heimat niederlassen, aber auch in bodenständiger Art hier leben. Darum ließ sie ihr Haus trotz moderner Wohnqualität innen und außen weitgehend so bauen, wie es früher im Bayerischen Wald üblich war (S. 117).

Der Bauherr St. baute in einem Siedlungsgebiet im Landkreis Regen, das nach dem Bebauungsplan vorwiegend eine »rustikale Bauweise« verlangte. Er hatte die Eingabepläne von mir, aber keine Werkpläne. Nur immer, wenn er in Nöten war und nicht mehr weiter wußte, zu jeder Tages- und Nachtzeit, bekam ich einen Anruf. Diese Methode kommt den Bauherrn zwar viel billiger, aber solche honorarfreien Hilferufe zur telefonischen Bauberatung kann ein Architekt auch nur von wenigen Freunden entgegennehmen. Das Haus wurde mit einem Innenhof angelegt, nach Art eines Atriumhauses. Vor diesem Haus liegt zwar jetzt nur eine unbebaute Grünfläche, aber es läßt sich bereits absehen, daß hier mal ein Haus hinkommen wird. Dann würde man sonst frei wie auf dem Tablett daliegen und

Beispiele für neue Einfamilienhäuser (rechte Seite): das Haus K. (oben links, S. 115), das Haus W. (oben rechts, S. 114), das Haus N, (unten links, S. 115) und das Haus Sch. (unten rechts, S. 116).

könnte sich nicht ungeniert bewegen. Darum haben wir diesen Atrium-Stil gewählt, und ich habe auch immer wieder von den Bewohnern gehört, daß sie praktisch von allem abgeschlossen sind, nichts hören, nichts sehen, somit machen können, was sie wollen (Bilder S. 121).

Dieses Haus W. wurde mitten in einen bestehenden Garten hineingebaut. Die Schwierigkeit lag dabei darin, daß man die umliegenden Bäume und Sträucher schonen und mit in die Planung einbeziehen mußte. Aber es hat sich gelohnt. Auf dem Foto kann man sehen, wie gut zusammengewachsen und wie selbstverständlich sich hier die Sträucher anschmiegen und sich mit dem Haus ergänzen. So hat man geradezu den Eindruck, daß das Haus schon längere Zeit hier steht. Es sind aber erst rund 7 Jahre (S. 105).

Das Gebäude B. wurde als Wohnhaus mit Praxisräumen und einer Einliegerwohnung geplant. Dieses Haus weist aber noch eine Besonderheit auf: Es wurde biologisch gebaut. Das bedeutet, daß es keine Stahlbetondecken gibt, überhaupt fast keinen Stahl. Auch der Kellerboden ist nicht aus Beton, sondern alles wurde gemauert wie früher, und dazu nur Holz, Stein und Glas verwendet. Der Besitzer sagt heute, daß er sich wie in einem Haus fühlt, das schon ewig steht. Er habe nie das Gefühl gehabt, in einen Neubau eingezogen zu sein. Und noch nie zuvor habe er einen so tiefen und gesunden Schlaf gehabt wie jetzt. Darum braucht er auch unbedingt einen Wecker, weil er sonst morgens nicht wach wird (S. 121 rechts oben).

Das Haus E. wurde bereits vor ca. 18 Jahren in landschaftsgebundener Bauweise errichtet. Es hat Krüppel- und Schopfwalm, ist mit Biberschwanz-Ziegeln gedeckt, und das Mauerwerk ist zum Teil bis zu 50 cm dick. Die Fenster haben nur eine Mittelteilung und sind zweiflügelig ohne Quersprossen. Wir hatten uns damals Gedanken darüber gemacht, ob man Quersprossen machen sollte oder nicht. Heute wäre es gar keine Frage. Aber damals war man eben noch nicht so weit und meinte, das wäre ein Schritt zurück. Man hätte jedoch damals ruhig zwei Quersprossen machen können, denn das Haus hätte das durchaus vertragen. Der Bauherr selbst bereut es jetzt auch schon ein wenig, daß er sich nicht dazu entschlossen hat. Aber das braucht halt alles eine gewisse Entwicklung (S. 120).

Das Haus O. bekam im Jahr 1983 unter 100 Mitbewerbern einen Preis der Bayerischen Landesbausparkasse für landschaftsgebundenes Bauen. Es ist ein ganz normales Einfamilienhaus im Winkelbau, einschließlich Unterkellerung. Es wurde zwar nach meinen Entwürfen und Eingaben gebaut, aber die Bauleitung übernahm der Bauherr, der sich sehr viel mit dem Bauen in der Landschaft beschäftigte, selbst. Es ist in liebevoller Kleinarbeit entstanden. Einiges ist noch nicht ganz fertig: Der hintere Ausgang und die Außenanlagen müssen noch in Ordnung gebracht werden (S. 121).

Nach diesem Plan (links) wird 1984 ein neuer Bauernhof in Niederbayern fertiggestellt. Er soll allen modernen Ansprüchen genügen und trotzdem nicht wie eine Agrarfabrik aussehen.

Die Bilder links zeigen den ersten Anlauf Koni Grubers zum landschaftsgebundenen Bauen vor 18 Jahren. Das Haus im oberen Bild ist ein renovierter Bauernhof, das Haus E. im Bild unten ein Neubau derselben Familie, der am gleichen Hang ganz oben steht (siehe Fernaufnahme auf S. 24). Das Walmdach rundet quasi den Hügel ab. In beiden Häusern wurden die Fenster damals schon wieder geteilt, aber aus einer gewissen Halbherzigkeit – überall herrschte noch der Ganzglasfenster-Kult – nicht mit Quersprossen versehen, wie man es heute tun würde.

Weitere Beispiele für Neubauten (rechte Seite) sind das Haus O. (oben links), das ganz biologisch gebaute Haus B. (oben rechts, beide S. 119), und das Haus St. (S. 116). Es ist (unten) einmal von der Straßenseite und einmal von der noch freien Grünfläche her gesehen. Falls diese Baulücke einmal geschlossen wird, schützt der Innenhof des Atriums vor zuviel Einblick.

Zu den netten Details, die ein Haus gemütlichen machen, gehören auch die mit Brettln abgedeckten Eckpunkte.

Das abgetretene Granitpflaster vor der Haustüre zeugt vom Alter und der lebendigen Atmosphäre eines Hauses.

Koni Gruber
Der große Wurf aus kleinen Bausteinen

Eine Fülle von Kleinigkeiten gibt dem Haus das Leben

Manchmal kommt einer in ein fremdes Haus und fühlt sich spontan darin wohl: »Herrgott, ist es da gemütlich!« Und er fragt sich: Warum ist es eigentlich da so gemütlich, viel gemütlicher als in seinem eigenen Haus, obwohl dieses hier doch eigentlich auch nicht toller und raffinierter gebaut ist? Und wenn er nur die Architektur des Hauses studiert, wird er auch nie darauf kommen, was den Unterschied ausmacht. Was so einem Haus nämlich die gemütliche Atmosphäre verleiht, das ist die Summe von Details, die man unbewußt in sich aufnimmt, eine Fülle von Kleinigkeiten, auf die viele beim Bauen gar nicht achten. Die meisten, die ehrgeizig sind und nicht nur ein möglichst gewöhnliches, billiges Dach über dem Kopf haben wollen, suchen den großen Effekt und eine imposante, wirkungsvolle Darstellung. Dabei aber übersehen sie häufig gerade diese vielen kleinen »Bausteine«, die über die Grundarchitektur hinaus dem Haus erst Leben geben. Aber diese lebendige Atmosphäre entsteht nicht, wenn alles nur geschniegelt und gebügelt ist, steril und sauber, perfekt und aufgeräumt (dazu legt man sich besser in ein Krankenhaus!), sondern sie ergibt sich aus jenem Gesamteindruck, den Dutzende – für sich genommen belanglos erscheinende – Einzelheiten ausmachen.

Das beginnt schon, bevor man ein Haus betritt, beim Pflaster mit seinen Schattenwirkungen, bei einem »Stoagrandl« (Steinbrunnen) mit der Struktur von heimischem Granit, vielleicht einem struppigen Reisigbesen, der danebensteht: grob zu grob. Die gemütliche Atmosphäre kann in einem anderen Fall schon von weitem ausgestrahlt werden durch Holzkästen mit simplen bunten Bauernblumen auf einem Balkon. Je nachdem, wie die Sonne am Morgen oder am Abend einfällt, wirkt das Farbenspiel matter oder kräftiger, gibt das Spiel von Licht und Schatten durch die gedrechselten Balkonsprossen hindurch einen anderen Kontrast. Aber natürlich sind die Balkone schon für sich genommen ein wichtiges Gestaltungselement, von dem die Ausstrahlung eines Hauses auf die Umgebung mit abhängt.

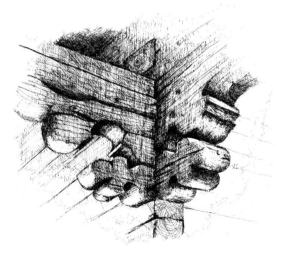

Balkone oder Schrote hat man früher nicht gebraucht, um sich etwa darauf zu sonnen. Dafür hatte man keine Zeit. Sie dienten vielmehr als Wind- und Regenschutz. Ab einer größeren Höhe des Hauses, wenn der Abstand zum Giebel zu hoch war, wurde ein Balkon dazwischengezogen, damit bei

Den Gesamteindruck von einem Haus prägen schon von weitem die Balkone, die vielerlei Funktionen haben können.

einer gewissen Niederschlagsneigung der Regen nicht an die Hauswand prasselte. Natürlich galt das nicht für einen extremen Schlagregen, der von einem starken Wind gepeitscht wird, oder für ein heftiges Gewitter. Für solche Fälle müßten Dachvorschuß und Balkon schon 3 Meter tief sein und das ist weder schön noch wirtschaftlich. Aber bis zu einem gewissen Grad können auch schmälere Balkone ihren Zweck erfüllen: Das Wasser wird von der Mauer abgehalten und tropft senkrecht ab. So wird verhindert, daß der Wind das Wasser durch die Fugen der hölzernen Hauswand nach innen drückt. Früher haben sich die Leute sehr stark an den klösterlichen Bauten orientiert (z. B. Kloster Niederaltaich). Die barocken klösterlichen Formen, wie man sie im Inneren der Kirchen antrifft, versuchte man an den Häusern nachzuahmen. Alte Schrote hatten nur gedrehte (gedrechselte) Sprossen. Die Balkonsäulen dagegen wurden mit der Hand aus einem Stamm geschlagen, nicht gedrechselt. Bei neueren Schroten ist das Geländer meist aus Brettern geschnitten. Die Pfettenunterseite war meist bemalt und zwar in den Farben schwarz, weiß, rot.

Simple bunte Bauernblumen auf einem Holzbalkon und an den Fenstern wirken freundlich und gemütlich.

Die linken Balkonsprossen sind neu. Sie wurden als Ergänzung zu den alten Balkonsprossen (rechts) extra mit einem stumpfen Messer gedrechselt, damit sie ähnlich grob aussehen wie die alten und sich schneller anpassen.

Das alte Haus mit einem schönen, aber teilweise schon zerstörten Balkon.

Der Renovierungsplan sah die Ergänzung des alten Balkons mit neuen Sprossen vor, wie sie links aus der Nähe zu sehen sind.

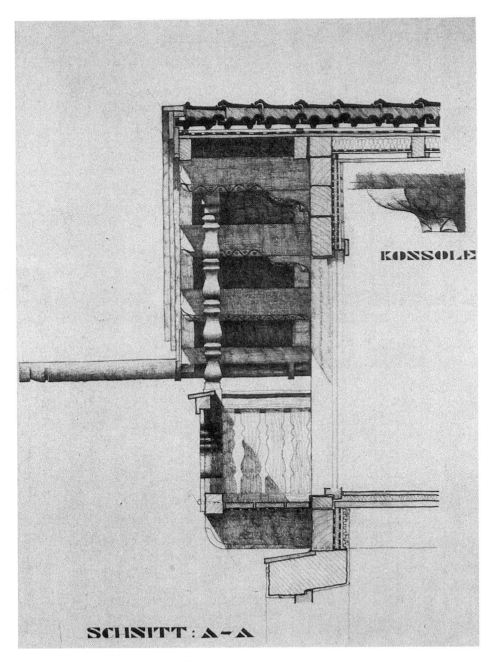

Die sichtbare Pfettenunterseite wurde meist bemalt.

Die Balkonsäulen wurden früher mit der Hand aus dem Stamm geschlagen.

Alte Schrote hatten nur gedrechselte Sprossen, bei neueren wurde das Geländer aus Brettern geschnitten.

Die Malschrote (sichtbare Balkenköpfe) wurden nicht nur in die Außenwand eingezapft, sondern in liebevoller Weise und mit Phantasie gestaltet: sie erhielten die Form eines Turmes, eines Kreuzes, einer Kirche, eines Holzschuhs usw. Das ist heute eine fast ausgestorbene Kunst, die praktisch keiner mehr kann. Einen normalen Schwalbenschwanz dagegen kann man heute genau so machen wie früher, weil man ja die entsprechenden Maschinen hat, die alles kerzengerade oder im Winkel ausschneiden. Aber alles andere, was ein bißchen Formgefühl verlangt, das geht halt nicht mehr. Da müßte man sich eben jahrelang damit beschäftigen, um die manuelle Fähigkeit wieder zu lernen, das

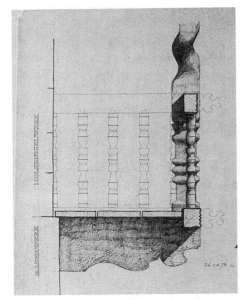

Sprossen, Säulen und Konsolen eines Holzbalkons verlangen Formgefühl und handwerkliche Fähigkeiten.

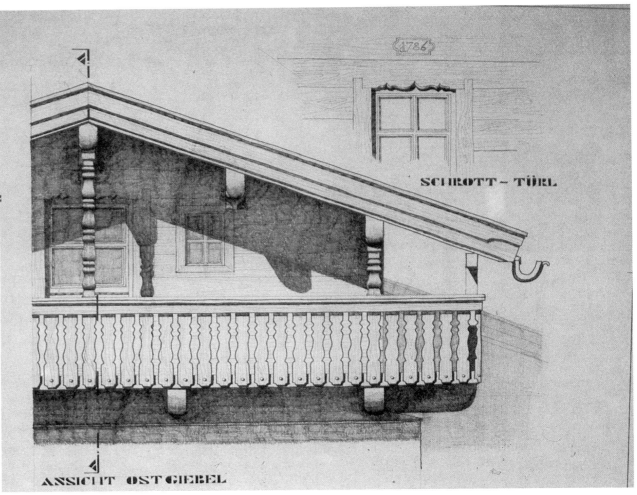

Material so zu formen, wie man es sich vorstellt. Da wird dann Handwerk schon zur Kunst und dahin sollten wir wieder kommen.

Den äußeren Eindruck, den jedes Haus auf einen Besucher oder Passanten macht, prägt natürlich auch die Außenwand des Hauses. Wo sie nicht aus Bruchsteinen gemauert, aus Holz gezimmert oder mit Brettern verschalt ist, sollte sie schlicht verputzt und weiß getüncht oder noch besser weiß gekalkt sein. Aber man sollte sehen, daß der Putz nicht ein Element für sich ist, sondern eine Ergänzung des Bauwerks, daß er das Zusammenspiel mit den anderen Elementen braucht. Darum soll der Putz lebendig sein wie eine Haut, die sich über das Mauerwerk hinzieht und durch die man ahnen kann, was dahinter steckt.

Zu den kleinen, atmosphärisch wirksamen Details gehören beispielsweise auch jene Eckpunkte, wie man sie bei alten Häusern und Stadeln in schlichtester Ausführung findet – einfach mit Brettern abgedeckt. Sie haben so ihren Zweck erfüllt. Diese gewöhnlichen Bretteln – in die richtige Stellung genagelt und zur rechten Zeit immer mal wieder erneuert – konnte jeder Bauer und Handwerker sich selbst machen, da braucht man keine dauerplastische Verfugung, keine aufwendigen Aluminium-Ecken, keine Wetterschenkel und Verblendungen oder dergleichen mehr.

Dann kommt der Hauseingang. Bei alten Häusern von armen Leuten liegt davor eine bucklige »Gred«, kaum behauen – man hatte nur halbwegs gerade Steine zusammengesucht und nebeneinander gelegt. Dazwischen ein paar Büschel Gras und an der Haustüre eine ausgetretene Türschwelle. Man muß sich einmal wie in einer »Minute der Besinnung« durch den Kopf gehen lassen, was bei einem Haus, das schon von Generationen bewohnt wurde, über so eine Schwelle und durch so eine Haustüre gegangen ist, was sie schon alles erlebt hat. Die Hochzeitspaare sind stolz und erwartungsfroh hier eingezogen, die Verstorbenen wurden da hinausgetragen und die frisch getauften Kinder wurden hineingetragen. Freud und Leid gaben sich gewissermaßen über derselben Schwelle die Türklinke in die Hand.

Wenn die Sonne auf den Balkon scheint, entfaltet sich häufig ein reizvolles Licht- und Schattenspiel.

Wer ein neues Haus baut oder ein altes neu bezieht, hat diesen Bezug der generationenlangen Familien- und Hausgeschichte natürlich noch nicht. Aber wenn sie ein bißchen darüber nachdenken würden, wieviel Lebensphilosophie eigentlich hinter so einer Haustüre steht, welche Bedeutung dieser Schwelle zwischen Außenwelt und familiärem Wohnbereich zukommt, dann würden sie der Gestaltung dieses »Tores« viel mehr Aufmerksamkeit schenken und es nicht nur rein materiell betrachten. Wie gedankenlos wird eine alte Türe, ein Türstock oder eine Schwelle einfach als wertloses Zeug rausgeworfen und eine pflegeleichte, gesichtslose Allerwelts-Haustüre aus Kunststoff eingesetzt. Diese altert zwar nie und sieht in 30 Jahren noch genauso aus, weil alles Leben an ihr abwaschbar ist, aber an dieser Haustüre geht halt auch alles vorbei, jede Gemütlichkeit gleitet ab, keine einzige Erinnerung kann sich daran halten. So eine Haustüre wird das ganze Leben lang abweisend und kalt sein, und der Besitzer wird vielleicht nie begreifen, warum bei ihm keine Gemütlichkeit ins Haus kommt.

An der Türe gibt einem das Haus gewissermaßen erstmals die Hand. Deshalb spürt man schon an der Haustüre gastliche Wärme oder abweisende Kälte. Eine Holztüre mit einem schönen Beschläg kann einfach oder kunstvoll sein, aber nie so geschmacklos wie eine Kunststofftüre.

Fenster bringen nicht nur allgemeine Helligkeit, sie sind durch den Lichteinfall auch ein wesentlicher Bestandteil der Gestaltung und Atmosphäre von Innenräumen. Sprossenfenster vermitteln überhaupt erst den Eindruck eines geschlossenen Raumes, wogegen ungeteilte Fenster eher wie ein Loch in der Wand wirken. Die Größe der Fenster sollte jeweils den Proportionen des Hauses und der Wohnräume entsprechen, ein selbstverständlicher Grundsatz, gegen den leider häufig verstoßen wird.

Ähnliches gilt natürlich auch für die Türen im Inneren des Hauses. Auch diese Türen – das ist keine verschrobene Romantik – sind ein Teil unseres Lebens. Fast jede Tür im Haus gibt uns doch mehrmals am Tag gewissermaßen die Hand. Türen sind die Verbindung zwischen den Räumen, in denen wir leben, wenn wir daheim sind, darum soll sie doch nicht nur praktisch, sondern auch schön sein. Natürlich kann jeder probieren, ob er sich nicht sein Gartentürl selber basteln kann, natürlich gibt es auch Türen, die nur zweckmäßig und funktionsgerecht sein müssen, wie z. B. eine Eisentür zum Heizraum. Aber bei den Türen im Wohnbereich sollte man einen Fachmann zu Rate ziehen, gleichgültig, ob man dann fertige Türen bezieht oder welche machen läßt. Die Bilder in diesem Buch können nicht einen konkreten Anhaltspunkt geben, wann wo welche Türe angebracht ist. Sie können nur aufzeigen, welche Fülle von Variationen und damit Gestaltungsmöglichkeiten für den Wohnbereich gegeben sind. Es gibt Ein-Füllungstüren, Zwei-, Drei und Vier-Füllungstüren. Es gibt größere und kleinere Füllungen. Es gibt sehr einfache Profilierungen und raffinierte Gestaltungen, wie sie nur noch für

Schönes Beschläg gibt einer Tür, einem Fenster, oder einem Fensterladen erst den richtigen Charakter.

Wie für die Türen, so gilt auch für das Beschläg: je einfacher das Haus, desto einfacher sollte man die Detailgestaltung halten, je prächtiger das Haus, desto aufwendiger darf die Ausstattung sein.

Es gibt Türen mit vielfältigen Füllungen. Aber ob kunstvolle Ausführung oder lieber grobe, das richtet sich nach dem Gesamtstil des Hauses und der übrigen Einrichtung (Fußboden, Treppen etc.). Wieviel Geschmack unsere Vorfahren bewiesen, zeigt der Eingang zum Nebengebäude eines alten (renovierten) Bauernhofes (Bild unten und 120).

Schlösser oder andere höchst anspruchsvolle Bauten passen würden. Aber das bedeutet nicht, daß Türen umso schöner wirken, je kunstvoller und raffinierter sie ausgeführt sind. Entscheidend ist vielmehr, daß sie in der Proportion zum Haus passen und im Stil. Je einfacher das Haus, desto schöner ist eine einfache Tür, und je prächtiger und aufwendiger das Haus, desto notwendiger ist auch eine kunstvollere Profilierung und möglichst formschöne Muster.

Dassselbe gilt im Grundsatz auch für die Beschläge und Schlösser. Um etwas Schönes zu erhalten, muß man sich nicht um jeden Preis nur handgeschmiedete Beschläge leisten. Es gibt vielmehr auch schon wieder fabrikmäßig hergestellte Kastenschlösser und fertig zu kaufende Beschläge in sehr schlichten, schönen, bodenständigen Formen. Einige Beispiele für Tür- und Fensterbänder, Türdrücker mit Schlüsselschild usw. sind als Anregung abgebildet.

Mit zu den wichtigsten Details an einem Haus gehören die Fenster. Schon allein deshalb, weil sie immer ein Blickpunkt sind: man sieht von seinem Haus in die Umwelt hinaus, durch sie kommt das Licht von draußen ins Haus und »gestaltet« indirekt die Innenräume ganz wesentlich mit. Es ist mir deshalb unerklärlich, warum viele sich einfach gedankenlos irgendwelche Fenster einsetzen lassen – Hauptsache, das Loch ist zu! Aber das Thema Fenster ist so vielschichtig, daß man sich auf jeden Fall eingehend von einem Fachmann beraten lassen sollte. Hier nur ein paar allgemeine Informationen und Anregungen:

Die Fenstergröße sollte immer den Proportionen des Hauses und der Wohnräume entsprechen. Alte Bauernstuben hatten wegen der geringen Stubenhöhe meist quadratische Fensterabmessungen und nur eine Quersprosse. Höhere Räume erfordern natürlich auch höhere Fenster, die eine andere Sprosseneinteilung (zwei oder mehr Quersprossen) brauchen. Sprossenfenster geben einem Raum Halt, sodaß man nicht wie bei den ungeteilten Fenstern das Gefühl hat, da ist nur ein großes Loch in der Mauer, sondern daß man merkt, man ist in einem Raum.

Bei den zweiflügeligen Fenstern gibt es verschiedene Möglichkeiten, z. B. mit einem beweglichen Mittelstück. Das erfordert etwas aufwendigere Beschläge, aber es hat den Vorteil, daß man vor dem Fenster stehend, ohne einen Schritt zurückzugehen, beide Flügel öffnen kann. Bei einem einzigen großen Fensterflügel tut man sich da viel schwerer. Es gibt auch zweiflügelige Fenster mit einem feststehenden senkrechten Mittelteil. Dadurch wird das Fenster in sich stabiler, aber es hat den Nachteil, daß man bei ohnehin kleinen Fenstern kaum noch hinausschauen kann (früher hatte man dafür sowieso keine Zeit). Ein weiterer Nachteil ist, daß man von den Schlafzimmern keine Betten zum Lüften hinauslegen kann, weil das Mittelstück dauernd stört. Bei den alten Bauernhäusern wurden diese feststehenden Mittelstücke sehr häufig verwendet wegen des geringen Aufwandes an Beschlägen. Man brauchte nur ganz einfache Fensterriegel. Auch heute wünschen manche Bauherren wieder diese Art von Fenstern – aber das ist Ansichtssache.

Um gleich beim Beschläg zu bleiben: ob für Türen oder Fenster, je einfacher es ist, desto geringer ist die Reparaturanfälligkeit. Es hält meist ein Leben lang. Das Getriebe am Mittelstück kann offen oder verdeckt eingebaut werden. Ich persönlich finde es sehr schön, wenn man tatsächlich noch die technische Funktion sieht und den Mechanismus begreift. So etwas hat mich schon als kleiner Bub immer interessiert. Heute drückt man auf einen Knopf und alles funktioniert irdendwie unsichtbar, aber warum das so ist und wie es geht, das weiß man heutzutage nicht mehr.

Zurück zum Fenster selbst. Das Einfachfenster (mit einfacher Verglasung) wird meist nur für untergeordnete Räume (Garagen, Geräteschuppen, Stallungen usw.) verwendet. Am besten ist dafür we-

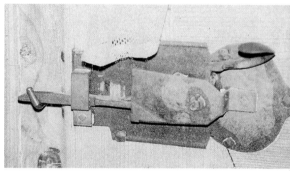

Mit jeder Tageszeit verändert das Licht einen Raum. Auch Treppen und Geländer ermöglichen »Lichtspiele« im Haus.

Das große Zimmer eines Landhauses »nach Gutsherren Art« (S. 113) ermöglicht natürlich auch größere Fenster als die schlichte Stube eines bescheidenen Einfamilienhauses »nach Waldler Art«.

gen des hohen Harzanteils Kiefern- oder Lärchenholz geeignet. Aber durch die heutigen Lasuren, die dem Holz genügend Schutz geben, kann auch gewöhnliches Fichten- oder Tannenholz verwendet werden. Das Verbundfenster dagegen ist geeignet für Wohnräume jeglicher Art. Wegen der geringen Einbautiefe ist dieses Fenster vor allem bei nicht so starken Mauern zu empfehlen. Die beiden Fensterrahmen sind miteinander verbunden, und nur die notwendige Holzstärke ergibt den Luftzwischenraum zwischen der Verglasung.
Das Kastenfenster ist allen anderen in sämtlichen geforderten Werten überlegen. Es besteht aus zwei voneinander unabhängigen Teilen. Durch den großen Luftzwischenraum erreicht das Fenster eine sehr hohe Wärmedämmung. Bei zusätzlichem Einbau von Dichtungen erhöht sich der Schallschutz.

Türangeln und -schlösser in schönen handwerklichen Formen muß man heute nicht mehr unbedingt vom Schmied oder Schlosser nach Maß anfertigen lassen. Es gibt inzwischen wieder eine große Anzahl von fabrikmäßig hergestellten und dennoch recht geschmackvollen Beschläg-Ausführungen von der einfachen mechanischen Türklinke bis zum raffinierten Sicherheitsschloß.

Ein Haus im bäuerlichen Stil erfordert auch eine schlichte bäuerliche Möblierung.

Dieses Kastenfenster kann bei größeren Mauerstärken (ab 36,5 cm) eingebaut werden. Es ist auch möglich, durch sogenannte vorgehängte Winterfenster, die nach außen aufschlagen und außen angeschlagen sind, die Vorteile eines Kastenfensters zu erzielen. Im Sommer können diese Fenster dann ausgehängt werden.

Das Abschrägen der Fensterrahmenhölzer läßt nicht nur die Rahmen leichter erscheinen, sondern verbessert auch den Lichteinfall. Sprossenfenster und tiefe Fensterleibungen können bei Sonnenschein ganz wunderbare Lichteffekte hervorrufen. Hübsche Kleinigkeiten, Blumen usw. auf der tiefen Fensterbank verschönern noch den Fensterbereich.

Fensterläden können nach Bedarf im Mauerwerk oder am Fensterstock angebracht werden. Durch Fenstervergitterungen erreicht man eine optische Wirkung und zugleich eine optimale Einbruchsicherung. Allerdings sollte beste handwerkliche Ausführung angestrebt werden. Schweißstellen, aber auch absichtlich besonders urig gehämmerte Flächen sind unbedingt zu vermeiden.

So wie die Türen die Verbindung zwischen den Räumen herstellen, haben die Treppen die Funktion, Stockwerke miteinander zu verbinden. Sie sind also nicht Selbstzweck, sollen also nicht als isolierte Kunstwerke betrachtet werden. Treppen sollen bequem sein, sicher und möglichst nicht knarzen, und darum in möglichst einfacher Art gestaltet werden und nicht als gekünsteltes Zierwerk. Früher haben die Bauherren mindestens ebenso sparen müssen wie heute, denn das Geld war früher noch weit knapper im Bayerischen Wald als heute. Und trotzdem empfinden wir die einfachen Formen, wie sie ihre Holztreppen in den alten Häusern ausgeführt haben, als schön zum Anschauen. Einige Bilder in diesem Buch sollen zeigen, daß man auch bei Neubauten mit einfachen Holztreppen ohne großen Kostenaufwand durchaus große Effekte erzielen kann. Wenn sie offen sind, was von der Art und Größe des Raumes im Haus abhängt, bringen sie über ihre Verbindungsfunktion zwischen den Stockwerken auch noch gestalterische Elemente für die Raumteilung, sowie Licht- und Schattenspiele für die Innenräume. Wenn man die Holztreppen einstemmt und die Setzstufen wegläßt, wirkt das ganze Treppenhaus durchsichtiger und leichter. Aus dem Zusammenspiel von Treppen, Türen, Fenstern, Fußböden und Wandverputz ergibt sich in Verbindung mit den Lichteinfällen die Gesamtwirkung des Innenraums.

Eine Art fließender Übergang zwischen dem baulichen Teil des Hauses und seiner Möblierung sind die Öfen. Heute kann man sich natürlich außer der Zentralheizung noch einen beliebigen technisch perfekten Küchenherd ins Haus stellen oder moderne Herde und Öfen auch für Holz- und Kohlenfeuerung kaufen, ebenso Ölöfen fürs Zimmer. Aber was den Ofen im Hauptwohnraum eines Hauses betrifft, sei es in einer Wohnküche oder in einer Wohnstube, so sollte man sich dabei doch wieder ein wenig erinnern, welche Bedeutung dem Herd und der Feuerstelle in einem Haus durch die ganze Geschichte des Wohnbaus hindurch zugekommen ist. Das alte Sprichwort: »Eigener Herd ist Goldes wert" deutet darauf hin, daß er sogar zum Ersatzbegriff für das eigene Haus geworden ist. Es begann

Treppen verbinden nicht nur die Stockwerke, sie sind auch gestalterische Elemente für Innenräume.

Wo es die Raumverhältnisse ermöglichen, können einfache, offene Holztreppen große Effekte erzielen. Sie machen das Treppenhaus durchsichtiger und leichter.

Auf der rechten Seite der Entwurf für die Treppenanlage des Hauses H. (Seite 85).

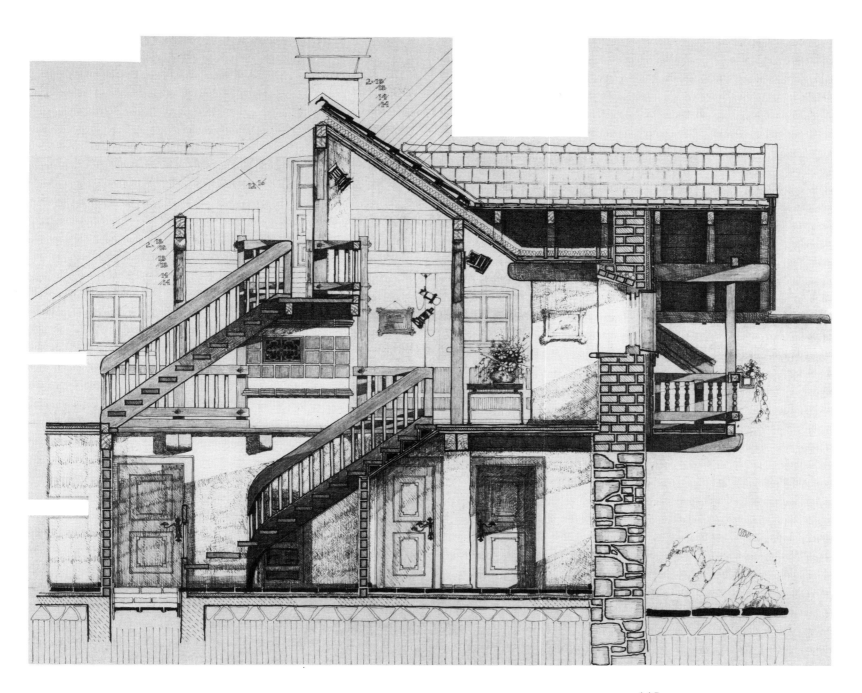

Die alten gemauerten Öfen mußten vielen Zwecken zugleich dienen: sie waren Raumheizung und Kochstelle, Backofen und Ruheplatz zugleich.

Wo man noch Holz zum Feuern hat und die Kohlen nicht in den fünften Stock tragen muß, bringen alte Kachelöfen (Sesselöfen) sehr viel Wärme und Gemütlichkeit (rechts).

mit offenen Feuerstellen, an die wir heute wieder anknüpfen mit offenen Kaminen, die aber in der Hauptsache eine optische und atmosphärische Funktion haben, aber nicht mehr zum Kochen und Backen gebraucht werden und selbst bei der Wärmeerzeugung nur noch eine Zusatzfunktion haben. Nach den offenen Feuerstellen wurden geschlossene Öfen und Herde entwickelt, die in der Form sehr unterschiedlich sein konnten, aber bis in dieses Jahrhundert herein noch vielfältige Funktionen gleichzeitig erfüllen mußten: den Hauptwohnraum und möglichst auch noch Nebenräume erwärmen, als Kochherd und Backofen dienen und Warmwasser erzeugen, ein Platz zum Kleidertrocknen und zum Aufwärmen, wenn man durchgefroren von draußen kommt, und schließlich in vielen Fällen befand sich neben oder über dem Ofen auch noch eine Art Schlafstelle, sei es zum Ausruhen, sei es als Dauer-Schlafplatz für kalte Winternächte.

Auch heute kann man noch in vielfältiger Form an die verschiedenen überlieferten Variationen von Öfen anknüpfen, sei es an Grundofen, Kachelofen, Sesselofen oder Herd, je nachdem, welche Art von

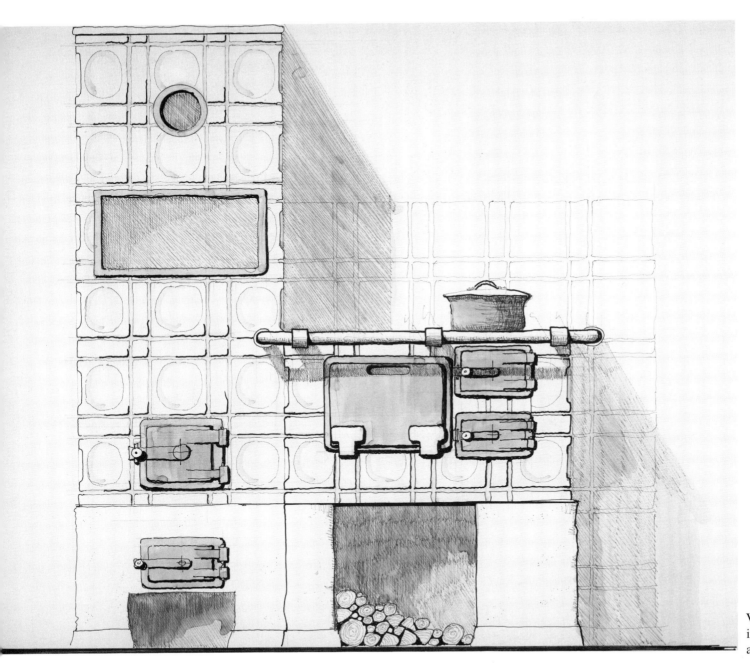

Viele Bauherren lassen sich heute in neue Häuser wieder solche Öfen nach alten Vorbildern einbauen.

Kachelöfen und sogenannte Sesselöfen wie dieser sind nicht nur aus modischen Gründen wieder interessant. Sie ersparen einem auch in Übergangszeiten den Betrieb der Zentralheizung.

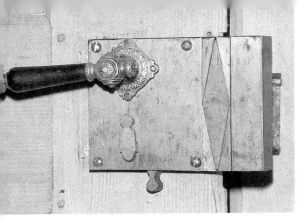

der Funktion benötigt wird oder vom Platz her als Ergänzung möglich ist. Ein Ofen im Haus, in dem auch tatsächlich ein Feuer brennt, bringt eben nicht nur Wärme im physikalischen Sinn, sondern auch Wärme im Sinn von heimeligem Wohngefühl, Geborgenheit und Gemütlichkeit, erst recht, wenn man sich auch noch einen Ofenplatz schaffen kann zum Sitzen oder Liegen. Welchen Ofen man sich kaufen oder bauen lassen soll, das ist für die Gesamtatmosphäre eines Hauses so wichtig, daß man die Beratung durch einen Fachmann suchen sollte.

Es ist schwer zu sagen, wo das Bauen aufhört und das Einrichten anfängt. Auch der Fußboden z. B. ist so ein fließender Übergang. Der falsche Fußboden kann ein ganzes Haus »versauen«. Wo keine Fußbodenheizung drin ist, empfehle ich meist Holzböden. Bei Fußbodenheizung oder auch im Fletz rate ich zu schlichten Steinböden oder Bodenfliesen (Cotto, Kirchenbiber). Grundsätzlich gilt auch hier: je einfacher das Haus, desto schlichter sollte der Bodenbelag sein, und bei einer prächtigeren Villa sind auch aufwendigere und »feinere« Bodenbeläge denkbar. Es soll halt alles zusammenpassen, also – überspitzt ausgedrückt – nicht gerade italienischer Marmor in ein Einfamilienhaus und nicht ein Kunststoffbelag in ein Bauernhaus. Aber man muß natürlich bei der Einrichtung eines Hauses nicht unbedingt von museumsgerechter historischer Treue besessen sein, das heißt, daß man sich beispielsweise nicht unbedingt im Schlafzimmer jeden Tag einen Holzschiefer von alten Bretterbohlen in die Fußsohle einziehen muß, sondern ohne weiteres einen schlichten, in der Farbe passenden Teppich-

boden verlegen kann. Und wenn man schon einen Holzboden hat, sollte man wiederum nicht unbedingt einen teuren Perser drauflegen, sondern wenn möglich einen gewebten Schafwollteppich, wie man ihn bei uns im Bayerischen Wald überall bekommt.
Wenn man die traditionelle Bauweise bei der Inneneinrichtung ganz sklavisch durchhalten möchte, dann müßte ma ja konsequenterweise auch auf ein WC verzichten und nach wie vor das Häusl über

Die Summe der Kleinigkeiten (links) macht den Gesamteindruck. Eine gemütliche Atmosphäre kann man aber im Einfamilienhaus eher leichter erzielen wie in einem großen Aufenthaltsraum (unten).

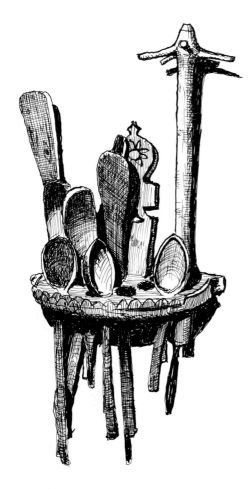

Alte Löffel und hölzerne Küchengeräte sehen recht urig aus. Doch nicht alles, was man beim Trödler zusammenkauft, paßt auch in jedes Haus.

der Odelgrube aufsuchen und statt moderner Duschen und Badewannen noch zum guten alten »Schafflbad« antreten – im Sommer im Stadel und im Winter in der Stubn. Entscheidend bei der Einrichtung eines Hauses ist nicht der Verzicht auf modernen Komfort und neue, dazupassende Materialien, sowie arbeitssparende Techniken. Worauf es ankommt, ist vielmehr die historische Treue zum überlieferten Stil und zum bewährten, guten Geschmack. Den braucht man für die Lampen und Vorhänge ebenso wie für die Möbel und die Bilder an der Wand. Aber da hört meist der Einfluß eines Architekten auf, und wo an Stilgefühl nichts da ist, hat bekanntlich der Kaiser das Recht verloren. Manchmal trifft einen schon fast der Schlag, wenn man meint, man hat dem Bauherrn ein schönes bodenständiges und in die Landschaft passendes Haus hingestellt, und dann kommt man hinein und sieht, wie er es »verschönert« hat. Bei dem einen paßt die ganze Einrichtung nicht hinein und der andere hat es mit Gewalt auf alt und urig umgerüstet. Der eine hat den Zinnteller-Tick, der andere stellt alles voller frisch bemalter Holzteller und -krüge, und wieder andere richten sich einfach nur geschmacklos ein – frisch aus dem Versandhaus-Katalog. Bei dem einen muß alles fürchterlich bäuerlich bemalt sein, der andere läßt sich ein kunstvoll maschinell vollgeschnitztes Küchenbüffet reinstellen wie einen Sakristeischrank in Neu-Rokoko.

Aber wir dürfen uns darüber weder wundern noch groß aufregen. So furchtbar und geschmacklos viele Dinge sein mögen, die selbst in schönen Häusern herumstehen und -hängen, sie sind halt das Ergebnis einer jahrzehntelangen kulturellen Entwurzelung durch gedankenloses Nachäffen städtischer Wohnkultur in einer industriellen Massenproduktion billigster Ausführung. Sicher ist das in erster Linie eine Frage des schlechten Geschmacks und erst in zweiter Linie eine Frage des Geldes. Aber der jahrzehntelang verkümmerte Geschmack, die geschwundene Selbstsicherheit bei der Wahl von Formen, Farben und Materialien, läßt sich eben nicht auf Kommando wieder umdrehen. Ein guter Geschmack im alten Sinne braucht halt seine Zeit zur Entwicklung. Geschmacksbildung ist auch keine Frage der bloßen Belehrung, sondern der allmählichen Überzeugung durch konkrete Anregungen und Vorbilder. Es hat einer noch lange keinen guten Geschmack, wenn er statt ans Versandhaus zu schreiben, jetzt plötzlich zum Antiquitätenhändler und Möbeltrödler läuft, nur weil er inzwischen etwas mehr Geld hat und weiß, daß alt derzeit chic ist.

Aber ich bin da durchaus optimistisch. Es war nicht alles umsonst, was viele Heimatpfleger in Kursen und Seminaren unters Volk gebracht haben, was der Bayerische Waldverein für Selbstbewußtsein und bodenständige Geschmacksbildung laufend tut. Langsam werden Kunststoffplatten-Tische und Plastik-Tischdecken in unseren Wohnstuben schon weniger, sogar in den Wirtshäusern. Aber wir müssen Geduld haben. Die Menschen in unserer niederbayerischen und bayerwäldlerischen Heimat begreifen schon allmählich wieder, was schön und echt ist, wenn auch nicht von heut auf morgen. Wir müssen sie überzeugen mit vorbildlichen Beispielen und hilfreichen Ratschlägen. Möge auch dieses Buch wieder einen Schritt weiter in die richtige Richtung bedeuten!